王钦　等著

信息网络技术驱动
中国制造业转型研究

IT Technology-driven
Transfomration
of Manufacturing
Industries

经济管理出版社
ECONOMY & MANAGEMENT PUBLISHING HOUSE

图书在版编目（CIP）数据

信息网络技术驱动中国制造业转型研究／王钦等著. —北京：经济管理出版社，
2022. 10

ISBN 978-7-5096-8808-3

Ⅰ. ①信… Ⅱ. ①王… Ⅲ. ①计算机网络—应用—制造工业—产业结构升级—研究—中国 Ⅳ. ①F426. 4

中国版本图书馆 CIP 数据核字（2022）第 215057 号

责任编辑：高　娅　王玉林
责任印制：黄章平
责任校对：董杉珊

出版发行：经济管理出版社
　　　　　（北京市海淀区北蜂窝 8 号中雅大厦 A 座 11 层　100038）
网　　址：www. E-mp. com. cn
电　　话：（010）51915602
印　　刷：唐山玺诚印务有限公司
经　　销：新华书店
开　　本：710mm×1000mm /16
印　　张：11. 75
字　　数：193 千字
版　　次：2022 年 10 月第 1 版　　2022 年 10 月第 1 次印刷
书　　号：ISBN 978-7-5096-8808-3
定　　价：88. 00 元

前言

    制造业由大变强是信息网络技术驱动中国制造业转型的核心任务。一方面，我国制造业发展受到资源环境、劳动力成本、核心技术能力不足的约束日益突出，如何以创新驱动制造高质量发展变得紧迫而重要。另一方面，信息网络技术的加速应用又在改变制造业竞争优势的基础，并对全球制造业竞争格局重塑产生深远影响。因此，如何更好地把握信息网络技术发展形成的机会窗口、积极推进我国制造业深入转型，成为未来我国国民经济社会发展的重大议题。

    在信息网络技术快速突破、扩散、应用的背景下，相比于美国、日本、德国等主要工业化国家，我国制造业转型的独特战略选择是什么？这正是本书的研究重点和力图突破的领域。

    本书第一章在对研究背景和研究进展进行系统回顾和分析的基础上，对研究问题进行了界定，从重点突破的三个维度出发构建了研究框架。第二章至第五章集中研究了信息网络技术的经济学特征，并回答了从制造业产业体系视角出发信息网络技术对制造业内不同产业部门的差异化影响是什么。第六章至第九章集中回答了信息网络技术驱动制造业转型的微观作用机制是什么，并尝试回答企业个体层面的转型是如何"加总"为产业体系层面转型的。第十章和第十一章重点研究了信息网络技术驱动制造业转型的国际经验和政策思考。

    本书具有一定理论创新和应用价值，具体体现在三个方面：一是从制造业产业体系视角深入研究了信息网络技术驱动制造业转型的基本经济规律。研究发现，信息网络技术驱动制造业转型过程中在技术创新效率方面存在明显的非线性传导和行业差异性特征。这一结论对于"自上而下"的转型战略选择，特别是在先导产业部门的选择上具有重要政策含义。二是对信息网络技术驱动制造业转型的微观基础进行了深入研究。其中，对信息网络技术驱动制造业转型的微观作用机制、产业组织重构、空间形态变化和生产效率提升的研究为"自下而上"的转型战略选择提供了重要理论支撑。三是对信息网络技术驱动的制造业转型战略进行了动态分析。特别是从制度变迁的视角，对2002年以来信息网络技术驱动制造业转型的相关政策的演进规律进行了分析，明确提出未来政策重点是"自上而下"和"自下而上"的动态组合，提出的相关政策建议具有很强的针对性和可操作性。

目 录

第一章

导　论

信息网络技术的加速应用不仅改变着人类的生活和生产方式，更对商业模式、经济和社会结构产生了深远的影响。信息网络技术同制造业之间的交互作用日渐紧密，迭代升级的速度持续加快，制造业的全球市场竞争格局正在加速重构。如何对信息网络技术驱动的中国制造业转型战略做出正确选择、制定相关政策的依据是什么等相关问题成为理论界和实践界广泛关注的问题。

一、研究背景

对于信息网络技术对制造业带来影响的认知，人们已经从分歧走向共识。在信息网络技术飞速发展的背景下，世界各国的目光都不约而同地聚焦在抢占未来制造业竞争制高点、赢得未来产业竞争优势上。

(一) 信息网络技术加速应用

关于信息网络技术是否能够促进产业（包括制造业）的转型与升级，能否优化产业结构，很多学者分析了美国在互联网经济中的表现。在日本和欧洲经济低迷的 20 世纪 90 年代，美国经济保持稳定的增长并呈现出前所未有的特征，这后来被称为"新经济"。林玲（2000）总结了一段时期学者们对新经济的争论，认为 IT 技术是否改变经济是早期对"新经济"争论的一个焦点。很多学者也认为，网络信息技术的出现刺激经济增长和结构调整在日本和欧洲都有发生①。关于如何形成对"新经济"的支撑，刘树成（2000）认为，创新进入蜂聚期，信息技术的进步是带动整个经济增长和产业结构调整的重要原因；王春法（2001）认为，新的技术经济范式的形成起到关键作用；华民（2001）认为，以网络为基本生产工具的新生产方式正在形成；美国《商业周刊》则将其归纳为全球化和信息化。

进入 21 世纪之后，随着信息网络技术的发展、成熟，信息网络技术进入更多的工业和商业领域，对人们的生产生活产生显著的影响，学者们对信息网络技术会不会促进经济增长和产业结构转型已经没有争论，国内外学术研究开始聚焦于具体的领域。例如，李贝贝和黄锋（2003）对信息技术兼容性的研究；吴晓波等（2006）分析了企业利用信息技术获得竞争优势的框架与路径；龚艳萍和周亚杰（2008）对信息标准国际竞争力的研究；李海舰等（2014）讨论互联网思维与传统产业再造的问题。总的来说，2005 年之后，信息网络技术对制造业技术和生产组织的冲击成为理论界关注的焦点。无论是定性研究还是定量研究，学者们的关注点都进一步聚焦在信息网络技术对制造业发展产生的影响上。

（二）新一轮全球制造业竞争加速推进

自 2008 年国际金融危机发生后，世界主要国家纷纷出台以先进制造业为核心的"再工业化"战略，以期在未来的产业竞争中获得新优势。如德国"工业 4.0"、美国国家制造业创新网络计划等，都将人工智能、信息物理系统、工业互联网、云计算、大数据等信息网络技术在制造业中的应用提升到战略高度，以重塑制造业竞争新优势，希望在未来制造业竞争格局中占据有利位置。

面对信息网络技术在制造业中的加速应用和世界各国制造业国家战略的加速推进，2015 年 5 月，中国将智能制造作为中国制造业的主攻方向，明确了重点发展的十大领域。在中国制造业发展主攻方向和重点发展领域清晰之后，信息网络技术驱动中国制造业转型战略的基本逻辑和内在规律是什么？如何做出正确的战略选择？如何创造有利的政策环境？这些问题都亟须得到回答。

---

① 李毅. 产业结构调整与日本型新经济的探索 [J]. 世界经济与政治，2002（3）：54-59.

二、研究进展

信息网络技术驱动制造业转型的实践活动不断涌现，这些现象背后的理论基础和基本规律是什么？下面我们重点对有关信息网络技术、制造业转型和转型战略方面的研究进展进行梳理和评述。

（一）有关信息网络技术的研究

信息网络技术对中国制造业影响的现有研究，主要是将信息网络技术视为一种影响制造业发展的通用技术（General Purpose Technology，GPT），围绕信息网络技术的发展现状与趋势、影响方式与机制，以及我国利用信息网络技术促进制造业转型的问题与思路等核心议题开展研究。

由于"信息网络技术"在技术和政策研究层面还没有形成一个一致性的定义，导致学者在研究信息网络技术对制造业转型的影响时，更多侧重技术本身特征的定义，而不是基于技术经济特征所产生新影响的定义。学者们的主要观点有以下几个方面：

信息网络技术的常见表述是"新一代信息技术"或者"下一代信息技术"。在技术层面，主要包括新一代光网络、新一代无线网络（5G、Wi-Fi、SDN）、"信息—物理系统"、物联网、人工智能、云计算等。在制造业领域，更多侧重信息网络技术和制造业的融合，产生了"工业4.0""数字孪生""工业互联网"等新的表述。例如，德国"工业4.0计划"在底层技术层面都是基于"信息—物理系统"这一基本形态，认为信息网络技术对制造业的影响更多体现在数字世界和物理世界的融合上。[1]

工业互联网的概念源于美国通用电气公司（以下简称GE公司）。2012年11月26日，GE公司发布由Evans与Annunziata撰写的白皮书《工业互联网：打破智慧与机器的边界》，其核心要义在于指明了美国制造业数字化、智能化和服务化的发展方向。工业互联网概念的背后是对于5G、物理信息系统、大数据分析、信息安全、区块链等关键技术的加速应用。[2] 王钦

---

① 黄阳华.德国"工业4.0"计划及其对我国产业创新的启示［J］.经济体制改革，2015（2）：1-10.

② 亓晋，王微，陈孟玺等.工业互联网的概念、体系架构及关键技术［J］.物联网学报，2022（2）：38-49.

（2021）对近年来中国工业互联网的发展进行了回顾，认为中国工业互联网发展正在从探索期进入成长期。工业互联网不仅是新型基础设施建设的重要内容，更是连接工业全要素、全产业链、全供应链和全价值链的新载体，是连接、配置和组合各类生产要素的新组织方式，是推动产业链现代化和产业基础高级化的新引擎。伴随着制造强国和网络强国建设的纵深发展，工业互联网的支撑和引领作用需要进一步发挥，"十四五"时期中国工业互联网发展的重点是"见实效"。

伴随着信息网络技术对制造业产生影响研究的深入，研究的焦点逐步集中在产业体系和微观层面上。在产业体系层面的相关研究，主要提出了"新产业生态系统"的概念①，探索了产业体系的优化②及全球价值链的攀升③④。在微观层面上，一些学者已经重点研究了相关案例，包括"智能制造转型""个性化定制""产品服务系统""协同制造"等。此外，还有一些学者重点研究了信息网络技术在行业层面的具体应用。

（二）有关制造业转型的研究

目前，有关制造业转型战略的研究主要从产业结构和产业发展两个层面展开。

1. 产业结构层面：主导产业的选择

从产业结构的角度看，制造业转型升级问题可以简化为优先发展哪些符合特定效率标准的产业。Rostow 在《从起飞进入持续增长的经济学》中强调依据产业间关联效应的大小选择主导产业，产业间关联效应包括前向效应、后向效应和旁侧效应。⑤ 日本经济学家筱原三代平认为，生产率上升是主导产业选择的重要依据，而技术进步是造成生产率上升的主要原因，哪个产业部门能够在技术上首先取得突破性进展，该产业部门便会迅速地

---

① 王大林，杨蕙馨. 信息革命与新常态背景下的新产业生态系统 ［J］. 广东社会科学，2016（6）：15-25.

② 韩自然，芮明杰. 要素结构、信息化与地区产业体系优化——基于省际面板的实证研究 ［J］. 技术经济，2019（6）：46-57.

③ 余东华，水冰. 信息技术驱动下的价值链嵌入与制造业转型升级研究 ［J］. 财贸经济，2017（8）：53-62.

④ 张辽，王俊杰. 信息化密度、信息技术能力与制造业全球价值链攀升 ［J］. 国际贸易问题，2020（6）：111-116.

⑤ Rostow W. W. Developing the Underdeveloped Countries ［M］. London：Palgrave Macmillan，1971.

增长和发展。国内学者对主导产业选择的关注点逐步从国家层次转入区域层次。

2. 产业发展层面：技术范式的微观视角

从微观层面观察制造业转型的研究侧重刻画制造业技术和产业发展的战略方向的选择。Dosi（1982）提出了"技术范式"（Technological Paradigm）的概念，模式和排他性是这一概念的核心。他认为，"技术范式"就是人们挑选出来以解决特定技术问题的一种"图景"（或模式），以及那些以获取新知识为目标，并尽可能防止这些新知识过快扩散到竞争者的特定规则，具有强烈的排他性。在"技术范式"和"技术轨迹"概念分析的基础上，Anderson 和 Michael（1990）提出了"技术生命周期"，这一概念重要的理论启示是新技术产生于技术非连续状态。非连续状态表现为不同技术之间经过激烈竞争直到主导设计范式出现，然后进入渐进变革阶段，最终到新的技术非连续状态出现。

结合"技术生命周期"理论，站在追赶者的角度，在对韩国产业进行研究的基础上，Lee 和 Lim（2001）提出了技术跟随（Path-Follow）和两种"蛙跳"（Leap-Frogging）Ⅰ&Ⅱ模式，即阶段跳跃式演化（Stage-Skip）和路径创造式演化（Path-Creating）。在这两种蛙跳模式之间做出选择的重要前提就是技术发展前景是否明朗和演化轨迹是否容易被预测。立足中国制造业现实，吕政（2015）提出中国制造业结构调整升级的方向和任务是"高也成，低也就"，继续发展劳动密集型产业，全面缩小制造业与工业发达国家的差距，积极发展战略性新兴产业。

国内学者对我国制造业转型的研究特别强调制度性因素的影响。如吴敬琏（2011）认为，"制造业要转型、要提升……关键在于改革，建立一个好的体制"。周其仁（2011）认为，促使企业改进管理和技术的根本动力在于要素价格，特别是通过推进金融和土地市场的市场化形成倒逼机制。金碚（2014）认为，中国制造业转型升级的关键是创造公平竞争的市场环境，而创造公平竞争的市场环境的关键在于推进制造业领域以外的改革，特别是要素市场的改革。伍晓鹰（2017）同样认为，提高制造业的全要素生产率关键在于政府职能转变为"经济利益中性"的政府，从竞争性的经济活动中退出来。

（三）有关转型战略的研究

对于转型战略选择的研究，国内外学者分别从技术创新、产业演化、制度变迁和路径依赖等层面进行了深入研究。

1. 技术创新路径的研究：突破性和渐进性

制造业转型战略在技术创新层面的研究更多关注技术路径的选择，技术路径又被称为技术轨道，是指在一定技术范式的指导下，解决某些特定技术问题的设计或方案的产生、发展和变动过程。技术发展路径总是包含于某个技术轨道中，技术轨道反映了某一技术领域内技术发展的方向和内在逻辑性与规律[①]。

面对新一代信息网络技术的快速发展和应用，制造业如何对技术创新路径做出选择？是选择突破性路径，还是渐进性路径？如果企业沿着特定技术轨道进行持续性创新，有利于企业进行连续性的技术知识积累，而对这些积累的技术知识进行适当的综合和纯化，又能使产业核心技术体系形成，从而实现转型升级。如果企业选择突破性创新的路径，则意味着要改变产业竞争规则，形成新的产业竞争优势，这会对很多在位企业产生冲击。但突破性技术创新路径对后发国家而言则意味着使技术赶超和突破产业发展瓶颈成为可能。Leifer 等（2001）认为，突破性技术创新具有技术、市场、资源和组织不确定性等特征，构建了突破性创新的过程模型。王宏起等针对战略性新兴产业的具体特征和发展阶段，从模块化的角度设计了三种不同的技术突破路径，如图 1-1 所示。

图 1-1 战略性新兴产业突破性技术创新路径

资料来源：笔者绘制。

Abernathy 和 Utterback（1978）提出的 A-U 模型暗含了技术路径演化的基本思想。如图 1-2 所示，在该模型中，利用 t0（新技术首次出现）、t1（技术路径形成）、t2（技术间断出现）和 t3（新技术路径形成）四个时点，可以将技术路径演化的一般过程划分为三个阶段，即路径产生阶段、路径锁定阶段和路径更新阶段。针对所处的技术演化路径不同阶段，可以相应

---

① Dosi G. Technological Paradigms and Technological Trajectories：A Suggested Interpretation of the Determinants and Directions of Technical Change [J]. Research Policy，1982，11（3）：147-162.

地将产业升级路径和战略划分为三类：创造路径的技术先行战略、延伸路径的技术改进战略和突破路径的技术超越战略。

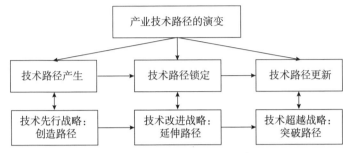

图 1-2　产业技术路径的演变

资料来源：笔者绘制。

中国制造业转型过程中，一方面，制造业不同行业的现实基础具有差异性；另一方面，信息网络技术对不同行业所产生的影响也具有一定的差异性。因此，这就需要我们从不同行业的差异性出发，思考制造业转型的技术创新路径选择问题。

2. 产业演化的研究：模式和机理

一些研究成果认为，制造业转型是产业演化的结果，那么产业演化的模式和机理就成为制造业转型战略选择的重要依据。对产业演化模式的研究更加关注产业演进的生命周期和组织形态变化，则在不同发展阶段做出不同的产业组织选择就成为该类研究重要的战略含义，如雁阵模式。

国内学者还对产业演化的机理进行了研究。戴伯勋（2001）认为，产业变迁的动力机制、供求机制、内在本质性机制、外部推动机制、创新机制及竞争机制共同构成了产业变迁的机理。对于信息网络技术对中国制造业带来的影响，一些研究将其放在新工业革命的语境下进行讨论，认为新工业革命是一场技术经济范式意义上的技术、管理、制度和政策的全面协同变革，这场变革终将带来工业组织结构、商业运行模式、产业竞争范式和全球工业竞争格局的重大调整①。这些产业演化的机理研究，尤其是涉及动力机制、推动机制、组织变革等方面的研究，都构成了制造业转型战略选择的内在依据，成为重要的战略逻辑基础。

---

① 黄群慧，贺俊．"第三次工业革命"与"制造业服务化"背景下的中国工业化进程［J］. 全球化，2013（1）：97-104+127.

3. 路径依赖和路径创造的研究

制造业转型既涉及如何打破对既有技术创新路径的依赖，也涉及如何进行路径创造的问题。David（1985）的研究认为，路径依赖是技术选择的一种不可预见、缺乏效率和路径锁定的情况。Mahoney（2000）认为，路径依赖理论的核心是随机性和不可完全控制的选择。因此，对于信息网络技术驱动制造业转型的研究而言，如何打破技术创新路径依赖，突破现有技术创新体系，进行"路径创造"，实现制造业转型的持续技术进步，就成为转型战略研究关注的核心议题。

在这一转型战略的研究议题中，涌现性和建构性的问题就成为研究的焦点。就涌现性而言，形成自下而上的力量，激发企业作为创新主体的能动性，并逐步形成自我强化的涌现机制，打破制造业转型过程中技术创新动力不足的路径依赖；同时，在转型过程中也需要发挥建构性的作用，发挥行动者对路径创造的作用，从而形成自上而下的力量。大多数经济路径的形成是涌现过程和行动者有意识行为共同作用的结果，即行动者不能或不会完全控制路径的产生，因为行动者可能没有足够的资源，或者行动者不愿投入过多的资源来控制某条特定路径的发展①。

三、研究问题与框架

在对相关研究进展进行梳理和评述的基础上，我们进一步对本书的研究进行清晰界定，明确研究的突破点，并据此构建研究的框架，努力对课题研究提出的重点问题做出回答。

（一）研究问题的提出

在信息网络技术快速突破、扩散、应用的背景下，相比于美国、日本、德国等主要工业化国家，我国制造业转型的战略选择的内在依据是什么？作用机制是什么？研究重点突破的三个维度如图1-3所示。

一是深入研究信息网络技术驱动制造业转型的产业演进规律。信息网

①　Thelen K. How Institutions Evolve：Insights from Comparative Historical Analysis ［M］//Mahoney J, Dietrich R. Comparative Historical Analysis in the Social Sciences, New York：Cambridge University Press, 2003：331-334.

重点突破维度之一：产业体系	"自上而下"是信息网络技术驱动中国制造业转型战略选择的一个重要方向，从产业体系跃迁的视角出发，寻找制造业中的"先导产业或部门"是进一步明确该战略的重要研究内容
重点突破维度之二：微观基础	"自下而上"是信息网络技术驱动中国制造业转型战略选择的一个重要方向，研究分析企业个体的变化如何"加总"为产业体系层面的跃迁、微观层面的转型机制和作用机理是什么
重点突破维度之三：动态路径	"动态选择"是信息网络技术驱动中国制造业转型路径之一，对于转型路径的"动态"分析，涉及技术创新、产业演化、制度变迁等多方面的因素

图 1-3 研究重点突破的三个维度

资料来源：笔者绘制。

络技术作为一项通用技术，对制造业转型的影响不仅体现在产品、企业层面，更体现为产业体系（或称为产业生态系统）的跃升，甚至国民经济与社会整体性、长期性的变革，与嵌入其间的产业体系协同演进，特别是在信息网络技术发展趋势下需求方因素对制造业转型的内生作用。

因此，在研究上需要针对信息网络技术构建更具系统性的分析框架。对此，注重过程的演化分析与创新经济学理论为拓展该领域研究提供了重要的洞见①。从技术突破到引发产业结构的非均衡变化是一个漫长、复杂但层次清晰的历史过程。在此过程中，先导产业的突破性创新尤为关键，先导产业部门突破之后通过直接或间接的产业关联和示范效应带动产业体系的变化，进而完成技术经济范式的转变。因此，从"自上而下"的视角，寻找和促进先导产业部门的成长就成为制造业转型研究的重要内容之一。

具体而言，信息网络技术驱动中国制造业转型的过程对制造业哪些行业或部门的产出和效率会产生直接的影响？这些影响的差异化表现是什么？还有，信息网络技术对不同行业或部门的技术创新效率产生影响的差异化特征是什么？这些研究将有利于我们基于制造业产业体系的视角，从差异化的特征切入，重点关注在产业体系跃迁过程中的先导产业部门和先导产

---

① Freeman C., Louçã F. As Time Goes by：The Information Revolution and the Industrial Revolutions in Historical Perspective [M]. New York：Oxford University Press，2001.

业部门产生的关联效应。

二是对信息网络技术驱动制造业转型的微观基础进行研究。现有文献在微观层面初步研究信息网络技术对企业组织的影响是促进产业体系转型的驱动力，不仅需要进一步研究我国企业适应、利用和管理信息网络技术促进企业转型的典型方式，还需要"自下而上"地研究企业组织的行为调整在"加总"层面上对我国产业体系的影响，其中包含信息网络技术驱动制造业转型的微观演化机理和动力机制是什么，对新兴企业组织、企业间关系又会产生什么样的影响。

三是对信息网络技术驱动的制造业转型战略进行动态分析。由于信息网络技术对于制造业转型的影响具有广泛性，所以制造业转型的战略选择具有综合性和复杂性特征，涉及产业演化、技术创新、制度变迁、路径创新等多方面的因素。从产业演化的角度看，制造业的转型涉及产业生态、生产方式、组织形态等内容；从技术创新的角度看，制造业转型涉及渐进性和突破性创新两种方式；从路径依赖的角度看，制造业转型虽然受到技术和制度"路径依赖"的制约，但是路径突破的方向、阶段仍是进一步需要深入研究的问题。

（二）研究框架

第一章在对研究背景和研究进展进行系统回顾和分析的基础上，对研究问题进行了界定，从重点突破的三个维度出发构建了研究框架。

第二章至第五章集中回答了信息网络技术的技术经济特征是什么和从产业体系跃迁的视角出发信息网络技术对制造业内不同产业部门的差异化影响是什么。其中，第二章从理论层面重点研究了信息网络技术的技术特征和经济特征，以及未来的发展趋势。第三章从实践应用层面，以中国工业自动化的发展为例，重点研究了信息网络技术在工业领域的应用。第四章从经济价值规模和全要素生产率两个维度，运用 GVAR 模型和国家统计局公布的投入产出表，估算了"十四五"时期信息网络技术在制造业的不同产业部门创造的直接与间接经济价值，用计量回归方法预测了信息网络技术在"十四五"期间对制造业全要素生产率（TFP）提升的差异化影响。第五章采用随机前沿方法对不同制造业行业技术创新效率进行测算，利用计量模型对分行业数字化对行业技术创新效率的影响进行实证研究，进一步验证了信息网络技术对技术创新的正向促进、非线性传导及异质性效应。

　　第六章至第九章集中回答了信息网络技术驱动制造业转型的微观作用机制是什么，并尝试回答企业个体的层面转型是如何"加总"为产业体系层面的转型的。其中，第六章重点研究了信息网络技术驱动中国制造业数字化转型的作用机制，以及不同作用机制之间的关系。第七章研究了信息网络技术给制造业空间组织带来的影响，重点分析电商平台驱动"产业带"转型的案例。第八章从模块化视角分析了信息网络技术对中国制造业价值链的重构。第九章从供给和需求两个维度分析了信息网络技术驱动制造业生产效率的提升。

　　第十章和第十一章集中回答了信息网络技术驱动制造业转型战略的动态选择。第十章在系统对比美国、德国、日本、韩国运用信息网络技术驱动制造业转型经验的基础上，提出促进中国制造业转型的启示。第十一章在对"十三五"期间制造业转型进展做出评价的基础上，提出"十四五"期间转型面临的挑战，从动态选择角度提出"自上而下"和"自下而上"的制造业转型战略选择，以及相关的政策支撑。

四、研究意义

　　如何更好地把握信息网络技术发展形成的机会窗口，充分发挥我国制造业现有产业基础和资源禀赋，做出能够在未来产业格局中具有独特竞争优势的制造业转型战略选择，成为未来我国国民经济社会发展的重大议题。研究意义如图1-4所示。

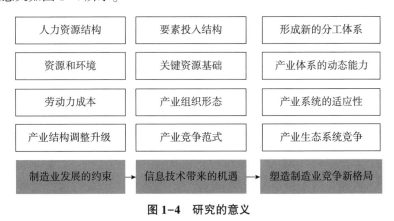

图1-4　研究的意义

资料来源：笔者绘制。

（一）寻找符合自身产业基础和资源禀赋的独特战略

信息网络技术给制造业带来的影响不仅体现在生产效率的提升和产业内部协同上，还体现在产业体系的重塑，以及技术经济范式意义上的技术、管理、制度的全面协同变革上。伴随着数字化、网络化和智能化基础设施的不断完备，制造和制造业的经济功能正在被重新定义。产业的边界正在走向模糊，制造业和服务业不断走向一体化，供应链日益成为重要的创新平台，开放式创新成为新常态，这一系列的变化预示着产业竞争力所依赖的资源基础、要素结构发生着变化，预示着产业间、供应链间、企业间的竞争转变为产业生态系统的竞争，预示着全球产业格局的重构。因此，系统的适应性和动态能力成为一国获得产业长期竞争力的关键。

面对信息网络技术驱动制造业转型持续走向深入的现实，如何在要素投入结构、关键资源配置、产业组织形态、内生能力提升等方面做出正确的战略选择就显得尤为重要。中国制造业的发展思路应当从过去的"强化比较成本优势"向"形成新的竞争优势"转变，新竞争优势从哪里来？微观层面的动力机制是什么？如何建立有利的制度和政策环境？这些问题的回答，都将有利于加快信息网络技术驱动的先进制造技术切实转化为产业竞争力和现实经济利益，开创符合中国自身产业基础和要素禀赋特征的独特的转型战略。

（二）推动向以信息网络技术为核心的制造业转型

我国制造业自身的传统发展模式面临着劳动力成本上升、资源环境约束等多重限制，亟须以信息网络技术驱动转型发展，塑造"以信息网络技术为核心"的制造业新竞争优势。当前，先进制造技术的突破已经同信息网络技术紧密融合在一起。例如，大数据、人工智能、移动互联、云计算等新技术正逐渐成为现代制造技术和制造系统的基础技术，这些技术的加速应用会带来制造技术的新突破，创造出制造业的新价值。以数字制造为代表的现代制造技术可以大幅提高新产品设计的可制造性，缩短产品原型的开发成本和制造时间，从而缩短制造新产品的工程化、产业化周期，进而在生产组织方式、产业组织和产业体系等方面产生一系列深远的影响。

综合来看，信息网络技术已成为驱动制造业转型的核心要素。当前，

"以机械为核心"的制造业正在加快向"以信息网络技术为核心"的制造业转变,多个行业领域中信息技术的应用不断深入。因此,本书对积极发挥信息网络技术的基础性和先导性作用,对于落实国家重大战略发展要求、紧抓新工业革命历史机遇、推动制造业转型具有重要意义。

第二章
信息网络技术的特征与趋势

当前，主要工业化国家间的经济和产业竞争正紧紧围绕以智能化、网络化、数字化为核心特征的新一轮科技革命和产业变革展开。以 5G（第五代移动通信技术，5th Generation Mobile Communication Technology）和 F5G（第五代固定网络，The 5th Generation Fixed Network）为核心的新一代信息网络技术，孕育着新一轮科技革命和产业变革拓展过程中最为重要的通用目的技术和使能技术，在我国制造业转型升级的过程中具有不可替代的战略性作用。不同于以往家庭宽带和 3G、4G 普及时期的发展条件，在新一代通信网络部署时期，我国已从"跟跑"转为"并跑""领跑"，这就意味着我国已经无法从领先国家制造业转型升级的既有路径中汲取经验，需要自行探索并培育 5G 和 F5G 的产业生态，加快技术创新，使其与各类蓬勃发展的新技术、新产业、新业态一道，助力我国制造业转型升级。

一、新一代信息网络技术的快速发展

新一代信息网络技术以 5G 和 F5G 为核心，前者是以高速率、低时延、广连接为特点的移动通信技术，有效地支持移动应用场景的运行；后者是具备更高稳定性的固定网络技术，由于投资规模小并且国内已经具备较好的安装基础，F5G 底层技术将成为我国新一代网络技术系统快速发展的启动器。

（一）万物互联的 5G 技术

遵循"十年一代"的技术发展规律，移动通信技术已经经历了数次代际跃升，每一次的技术突破都极大地促进了社会生活发展和产业升级。1G 到 2G 的突破实现了模拟通信到数字通信的升级，声音信息可以变为数字编码，更加稳定、安全、抗干扰，移动通信设备走进千家万户。2G 到 3G 的突破实现了语音业务到数据业务的转变，传输速率百倍提升，数据时代和智能手机时代开始萌芽。3G 到 4G 的突破传输速率和频谱效率再次提升，促进了移动互联网应用的普及和繁荣，促进了生产、生活的移动化和智慧化。当前，全球约有 97% 的人在被移动蜂窝信号覆盖的地方生活、生产，毫不夸张地说，移动通信技术已经改变了人类社会。而具有高速率（最高速率 1Gbit/s）、低时延（毫秒级端到端时延）、广连接（每平方千米百万连接数）特点的 5G 技术，正是新一代移动通信技术的制高点，是新一代信息网络技术的核心支柱之一[①]。

移动通信技术与互联网交织前行，3G、4G 技术造就了辉煌的互联网经济，解决了人与人随时随地通信的问题，催生了社交平台，带火了电子商务和移动支付，刺激了移动短视频的发展、移动互联网的快速发展，新服务、新业务不断涌现，移动数据流量暴涨。与此同时，大数据、人工智能、云计算、区块链等新技术发展势头正旺，对数据传输稳定、安全和高速的要求强烈。5G 技术恰恰在互联网发展最需要的时候出现了。

如果说互联网的上半场是 3G、4G 创造的消费互联网繁荣景象，那么 5G 技术将开启互联网的下半场，即工业互联网、产业互联网的勃兴。5G 技术作为新一代移动通信技术，将带动通信产业从人与人连接的 1.0 时代走向人与物、物与物智能互联 2.0 时代。相较于前四代移动通信技术的改进将重点放在峰值速率的提升上，5G 技术的愿景则是实现万物互联。综合考虑峰值速率、用户体验速率、频谱效率、移动性、时延、连接密度、网络能效、区域通信能力八个关键能力[②]，和 4G 相比，5G 峰值速率提高了 20 倍，支持多达 20 Gbit/s 的峰值数据速率；用户体验速率提高了 10 倍，城区和城郊

---

① 邬贺铨 . 5G，当代移动通信技术制高点［N］. 人民日报，2020-02-04，http：//it. people. com. cn/n1/2020/0204/c1009-31570264. html.

② ITU：IMT Vision-Framework and overall objectives of the future development of IMT for 2020 and beyond，https：//www. itu. int/dms_ pubrec/itu-r/rec/m/R-REC-M. 2083-0-201509-I！！ PDF-E. pdf.

的用户体验数据速率有望达到 100 Mbit/s；频谱效率提高了 3 倍，部分场景将提高 5 倍；移动性能可支持速度高达 500km/h 的高铁，并确保可接受服务；无线接口延时减少了 90%，实现 1ms 的空中下载延迟以支持极低延迟要求的业务；连接密度提高了 10 倍至 10^6 个/km^2，以适用于大规模机器类型通信场景；网络能效提高了 100 倍；区域通信能力提高了 100 倍达到 10 Mbit/s/m^2。

国际电信联盟（International Telecommunication Union，ITU）指出 5G 技术当前主要的三大应用场景：一是 eMBB，即增强型移动宽带（Enhanced Mobile Broadband），这是传统移动互联网场景的扩展，主要涉及用户对多媒体内容、服务和数据的访问。eMBB 处理的是以人为中心的场景，为用户提供大带宽、高速率的移动服务，以支持超高清视频、AR/VR（增强现实、虚拟现实）、远程教育、高清语音、云办公、云游戏等应用。对于 eMBB 场景，一个非常重要的指标就是用户体验速率，为了实现较好的用户感知和用户体验，与 4G 相比，用户体验速率理论上要从 10 Mbit/s 提升到 100 Mbit/s，同时峰值速率也要从 1 Gbit/s 提高到 20 Gbit/s。进一步，eMBB 可以分为高容量热点和广域覆盖场景。高容量热点场景用户密度大，这种局部热点为了保证高质量通信能力和高流量需求，需要提供极高的数据传输速度，但是对于移动性要求不高；广域覆盖场景对数据速率的要求低于高容量热点场景，但是要为用户提供高移动性和无缝连接的保障。例如，结合 4K/8K 超高清视频监控画面在车站、机场、旅游景点等人流密集的地方开展准确的人脸识别和车牌识别，进行安防监控。二是 uRLLC，即超高可靠和低时延通信（Ultra-Reliable and Low Latency Communications），这一场景对延迟时间和移动性等性能的要求非常严格，移动性可以支持 500km/h，结合 uRLLC 的帧结构、用户面分层部署和边缘计算，时延可以控制在 1ms。所应用领域涉及工业制造和生产过程中的无线控制、远程医疗手术、智能电网自动化配电，以及车联网和运输安全等。例如，利用车联网技术将路况、信号灯、车辆间位置、相对车速和行驶方向等信息发送给周边车辆以实现安全的无人自动驾驶。三是 mMTC，即大规模机器类型通信（Massive Machine Type Communications），主要面向具有海量设备的物联网业务、智能家居、智慧城市等应用。连接密度是这一场景下的重要指标，要提高至 10^6 个/km^2。这一使用场景的特点是，需要连接的设备数量极其庞大，但是设备之间所传输的数据量相对较少且对时延性不敏感。例如，智慧物流通过物联网技术实现对运输、仓储、配送等各个环节的实时监测、分析和处理以提高运输的效率①。

　　我国移动通信技术相对于世界领先国家起步较晚，先后经历了 1G 空白、2G 跟随、3G 参与、4G 同步、5G 主导的艰苦卓绝历程②。20 世纪 80 年代，我国进入 1G 时代，但是普通大众无法负担昂贵的"大哥大"；2G 时代，移动网络覆盖率和手机使用率快速提升，这得益于我国对移动通信产业的大力支持；3G 时代，我国拥有自主知识产权的 TD-SCDMA 标准，成为 3G 三大国际标准（TD-SCDMA、WCDMA 和 CDMA2000）之一。4G 时代，我国建成全球最大的 4G 网络，华为、中兴成为全球领先的移动通信设备供应商，中国电信、中国移动、中国联通也走在全球运营商前列，基站数量和用户数量剧增。2013 年底，工业和信息化部向三大运营商发放 4G 牌照，4G 开始全面建设商用，"十三五"时期是 4G 建设和商用加速推进时期，实现了 4G 深度覆盖和全面商用，4G 基站数量占全球的 50%以上。4G 基站数量从 2016 年的 263 万个上升到 2019 年的 544 万个；3G 基站数量从 2016 年的 142 万个下降到 2018 年的 117 万个。从用户数量来看，2016 年 4G 用户数量只有 7.7 亿个，到 2019 年 4G 用户数量增加到 12.8 亿个③。2019 年被称为"5G 商用元年"，工业和信息化部向三大运营商和广电发放 5G 牌照，标志着我国 5G 开始建设和商用。5G 是我国在全球形成系统级技术优势的少数领域之一。截至 2021 年上半年，我国已建成 5G 基站数量累计超 81.9 万个，全球占比约为 70%；5G 手机终端用户连接数已达 2.8 亿，全球占比超 80%；5G 标准必要专利声明数量全球占比超 38%，较 2020 年上半年上升 5 个百分点左右。5G 基站数量、用户数和标准专利均居于全球领先地位④。

　　① 哪些场景最需要 5G［N］. 新华日报，2020-11-06，http：//xh. xhby. net/pc/con/202011/06/content_ 846840. html.

　　② 左鹏飞. 从 1G 到 5G 标准之争争出了什么［N］. 科技日报，2019-08-14，http：//digital-paper. stdaily. com/http_ www. kjrb. com/kjrb/html/2019-08/14/content_ 427820. htm？ div=-1.

　　③ 李伟，贺俊，江鸿."十四五"时期我国通信产业发展的战略取向［J］. 改革，2020（9）：40-51.

　　④ 5G 标准必要专利声明数量位列全球首位［N］. 人民日报，2021-05-17，http：//paper. people. com. cn/rmrb/html/2021-05/17/nw. D110000renmrb_ 20210517_ 5-01. htm.

（二）光联万物的 F5G

在固定通信方面，固网宽带分别经历了 F1G（64Kbps）语音/拨号上网时代、F2G（2Mbps）Web 网页时代、F3G（20Mbps）超宽带视频时代和 F4G（100Mbps）百兆超高清视频时代，当下，全球正跨入以 10G PON 技术为核心，全光接入、全光传送的 F5G（10Gbps）千兆超宽时代。欧洲电信标准协会（European Telecommunications Standards Institute，ETSI）定义了 F5G 的三个关键特征：一是 eFBB，即增强型固定宽带（Enhanced Fixed Broad Band），提供更高速的千兆宽带服务，支持智能家居、远程教育、企业云化等应用场景。二是 FFC，即全光连接（Full-Fiber Connection），支持高密度终端、工业互联网和以人工智能和自动化技术为基础的应用场景。三是 GRE，即极致体验（Guaranteed Reliable Experience），以沉浸体验、低时延和高可靠为关键，支持云游戏、医疗保健、工业自动化等场景。

根据 OVUM 报告①，当前全球有超 234 家电信运营商发布千兆业务，并且根据不完全统计，目前有超过 30 家发布万兆业务。早在 2010 年，美国发布国家宽带计划布局千兆固网，将 2020 年前美国每个社区能介入可负担千兆网络作为长期发展目标②。2010 年，EPB 成为美国第一家提供千兆固网的电信运营商，在美国查特努加市铺建千兆光纤网络，查特努加市成为美国首座在全市范围内铺设千兆光纤固网的城市，并致力于万兆固网发展，2015 年，查特努加市成为全球第一个接受万兆固网服务的城市。2018 年，EPB 光纤住宅服务用户数量增长 6%，光纤服务收入增长 8.8%。在美国，除传统电信运营商的千兆固网部署以外，谷歌开始探索千兆固网发展计划，于 2011 年选定堪萨斯州堪萨斯城作为谷歌光纤试验的首个试点城市，并在随后几年扩大千兆宽带部署，此举也刺激了更多电信运营商探索千兆固网发展，提升了固定网络速率。AT&T 将光纤视为网络骨干和 5G 部署的关键，在 2018 年的年报中，判定千兆网络是其未来收入增长重要来源之一，将加快千兆固网项目部署作为未来几年的发展目标，并在其官网上提供了千兆网络覆盖地图。截至 2019 年第二季度，已有 84 个都市的 1400 万用户 100% 实现光纤覆盖。

---

① https：//www.huawei.com/en/news/2019/6/fixed-network-fifth-generation-10g-pon.

② Federal Communications Commission. Connecting America：The National Broadband Plan.

在欧洲，各运营商很早就开始布局千兆网络，致力于布局"千兆社会"（Gigabit Society）①。法国电信运营商 Orange 已建成欧洲最大的光网络，借助光纤发展增加电信业收入，2018 年其在欧洲的光纤连接家庭数达 2900 万家，连续三年保持欧洲第一，在欧洲电信业整体低迷的情况下，2018 年电信收入增长 1.3%，相较于 2017 年，增长率提升 0.1 个百分点，2018 年第四季度收入增长达 1.4%。英国电信运营公司 Vodafone，致力于成为千兆网络领先者，吸引消费者，成为通信行业领先者和数字社会推动者，2019 年已在西班牙完成千兆网络设备升级，在德国完成 2/3 升级任务，并在荷兰布局升级任务，在移动收入下滑的情况下，2019 年财政年度宽带业务收入增长 2.6%，并预期随着网速提升，宽带用户渗透率会有大幅提升。

在亚洲，部分国家也较早布局千兆固网。日本电信运营商 KDDI 于 2008 年便为家庭用户和低层公寓楼住户提供了上传和下载速度均能达到 1Gbps 的光纤宽带服务。2018 年 3 月，KDDI 发布了全球首个 10G 对称带宽。2018 年，全国光纤家庭覆盖率已经超过 90%，光纤到户（Home Passed）率已经超过 70%。此外，NCT、Optage、Sonet 等日本电信运营商也已宣布提供万兆固网服务。韩国于 2012 年开始实施"千兆韩国"（Giga KOREA）战略。韩国电信运营商 KT 于 2014 年成为韩国首家商用化千兆固网运营商，2019 年已宣布提供万兆固网商用服务，截至目前共有 480 万用户为其千兆固网用户，占总用户的 55%。新加坡是千兆网络覆盖率最高的国家之一。新加坡政府于 2006 年和 2014 年两次提出了"智慧国计划"，为家庭和商户提供千兆固网连接。2016 年，新加坡电信运营商 Singtel 宣布开始在 FTTH 上部署新一代的光纤网络，可为客户提供 10Gbps 光纤宽频网络服务。近年来，随着高速光纤套路使用份额上升，千兆固网成为 Singtel 在新加坡固定宽带收入增长的主要来源，2019 年，其固定宽带收入增长 1.7%。

相较于发达国家，中国千兆固网规模部署起步较晚。2013 年，中国发布了"宽带中国"战略实施方案，首次提出到 2020 年，发达城市部分家庭用户宽带速度可达 1 吉比特每秒（Gbps）。2019 年，国资委印发《关于开展深入推进宽带网络提速降费支撑经济高质量发展 2019 专项行动的通知》，明确将开展"双 G 双提"，推动固定宽带和移动宽带双双迈入千兆时代。

---

① European Commission：Connectivity for a Competitive Digital Single Market–Towards a European Gigabit Society.

2019 年被称为中国"千兆宽带规模部署的元年"。尽管中国千兆固网规模部署较晚，但中国网络基础能力较好、提升较快、光纤用户渗透率较高，为三大电信运营商布局千兆固网、拓展宽带业务需求、新增电信收入和 ARPU 提供了契机。这主要表现为以下几点：第一，核心网、骨干网等网络单元光纤化和带宽大幅度提升。2019 年，全国光缆线路总长度达 4750 万千米，光纤宽带骨干网基本覆盖了所有地级市。同时，骨干网带宽、国际出口带宽等网络基础设施指标显著提升，国际出口带宽从 2015 年的 5392116Mbps 上升到 2019 年的 8827751Mbps。第二，光纤接入率增长迅速，光纤覆盖率在全球处于领先水平。"十三五"期间，我国加快推动"光进铜退"，2019 年，光纤接入端口达到 8.36 亿个，光纤接入覆盖率达到 91.3%，远超过美国（32%）、英国（15.1%）、德国（10%）等发达国家。第三，高速率宽带用户基数增加，固定宽带用户从 2015 年的 2.13 亿户增加到 2019 年的 4.49 亿户，其中，光纤宽带用户占比达 92.9%，光纤用户渗透率较高。2019 年，100M 以上用户数量达 3.84 亿（其中，千兆用户 87 万户），占比达到 86%。第四，从固定宽带网络平均可下载速率来看，根据宽带发展联盟的数据，2016 年第一季度的平均可下载速率为 9.46Mbit/s，2019 年第三季度则上升到 37.69Mbit/s。

我国已经在全球范围内实现 F5G 的创新引领，从标准制定和专利分布情况来看，我国主导了光网络标准制定工作，获得了 ITU-T、IEEE、BBF 等多个国际标准组织的核心席位，并贡献了全行业 60% 的核心标准文稿。从先进设备研发情况来看，我国已经在固定宽带研发方面实现了全球领先，在 2019 年初发布了全球首台单波 50G-PON 样机，率先拥有了 10G-PON 之后的下一代 PON 技术的产品化能力。这对于加速 F5G 技术的商用进展具有战略意义。

（三）"天地一体、固移协同"的新一代信息网络技术

如果将以支持移动应用场景为主的 5G 技术比作天上一张网，那么就可以将高速、稳定且不受电磁干扰的 F5G 比作地上一张网，两者互补，F5G 将与 5G 商用形成"1+1>2"的协同效应。"天地一体、固移协同"的新一代信息网络技术体系的部署将加快人工智能、物联网、工业互联网等信息技术与传统领域的融合，形成具备感知、连接、存储、计算、处理能力的新型基础设施，赋能智慧城市、数字乡村、智慧交通、能源互联网、智能

制造、智慧服务等发展。

"固移协同"在业务上体现为 F5G 千兆固网和 5G 千兆移动网络之间的互补协同，在设施上则体现为全光网承载底座建设与 F5G、5G 网络建设之间的深度交织。从业务角度来看，新型基础设施要能够充分激发和释放潜在经济动力和活力，就必须确保对广大应用场景的覆盖以及不同应用场景之间的流畅切换与衔接。进入 4G 时代以来，运营商向拥有固定网络和移动网络的全业务运营商发展已经成为全球趋势。当前，5G 受到各界瞩目，但其优势仍然在于移动场景，不适合独立支撑全场景的高质量覆盖。在面向未来的行业应用与生态重塑过程中，5G 与 F5G 各自具有无限创新机会，将通过联合覆盖多样化场景，开启更加广阔的市场。2019 年，国家提出"双G 双提"的明确要求，也体现了固移协同对通信发展和价值提升的重要意义。从设施建设来看，以全光网为底座、协同建设 F5G 与 5G 将有效提升5G 建设效率，降低整体 TCO。5G 要实现深度覆盖，其基站密度需远高于4G，预计我国 5G 全覆盖累计投资将在 2.3 万亿左右，投资规模是 4G 的 4倍。目前，我国光接入网已经建立起完善的 FTTH ODN 网络，可以在任何环境下提供稳定可靠的大带宽接入。在这种情况下，F5G 与 5G 协同建网的经济效益更加明显。利用统一的光纤基础设施网络实现 5G 接入，将极大降低 5G 建设成本，提高 5G 覆盖质量，更低成本、更低能耗地实现"FTTH+F5G+5G+企业/家庭/个人"的全业务场景接入。

我国支持信息网络技术发展的政策体系不断完善，将为发展 5G 和 F5G奠定良好的基础。在 2018 年的中央经济工作会议上，习近平总书记围绕"促进形成强大国内市场"重点工作，提出要"加快 5G 商用步伐，加强人工智能、工业互联网、物联网等新型基础设施建设"。2019 年 7 月 30 日，中共中央政治局会议针对下半年经济工作部署，提出要"加快推进信息网络等新型基础设施建设"，党中央、国务院对新型基础设施发展寄予厚望。2019 年的政府工作报告提出要持续推动网络提速降费，确定开展城市千兆宽带入户示范，改造提升远程教育、远程医疗网络，推动移动网络扩容升级，让用户切实感受到网速更快更稳定。2019 年 5 月召开的国务院常务会议，部署进一步推动网络提速降费，提出把加快网络升级扩容作为扩大有效投资的重要着力点。2019 年 5 月，工业和信息化部、国资委联合印发了《关于开展深入推进宽带网络提速降费支撑经济高质量发展 2019 专项行动的通知》，明确将开展"双 G 双提""同网同速"，推动固定宽带和移动宽带双双迈入千兆（G 比特）时代。

然而，不同于此前家庭宽带和 3G、4G 普及时期的发展条件和产业生态，当前，我国新一代信息网络和下游商业应用内生发展、互动增强的机制并未形成：一方面，智能制造、车联网等下游应用的技术和商业模式并不成熟，且运营商上一代网络建设投资尚未回收完成，因而运营商缺乏对新一代信息基础设施进行投资的内在动力；另一方面，如果新一代信息网络技术体系不能加快完善，下游商业应用就无法在更高速度、更高可靠性网络的支持下通过工程迭代和商业模式探索逐步发展成熟。基础设施和下游应用相互掣肘，形成当前制约我国新一代信息网络技术体系发展的"囚徒困境"。

综合考虑我国信息基础设施的存量水平，以及新建不同类型基础设施的技术经济特征，F5G 千兆固网将是低投入、高效率建成新一代信息网络技术体系，主推制造业转型升级的有效启动器。确立"F5G 先导"思路，加速布局对运营商而言投资压力相对较小、对垂直行业应用又具有重要带动作用的 F5G 千兆固网，将是破解我国新一代信息网络技术发展瓶颈的重要抓手。第一，全面普及的光纤宽带和业已基本完成的 ODN 投资，为运营商提供了低成本 F5G 建设方案，只需简单升级硬件，即可实现向 10G-PON 的平滑演进，快速铺开千兆宽带服务。第二，通信骨干网和接入网已实现光纤化，全光通信网络建设进入传输节点光交换建设的新阶段。运营商可以首先面向具有特定价值需求的用户，以有限投入、灵活部署的方式，拓展高价值的固网新业务，提高投资收益。第三，全光网不仅是固定通信网络的承载底座，也是移动通信网络的承载底座。F5G 千兆固网建设带来的光纤网络规模扩展和政企网络需求升级，将加速光传输和光接入的覆盖范围延伸至网络边缘，推动光纤传输网的智能化，具有支撑新型信息基础设施整体升级的重大意义。

二、新一代信息网络技术的经济学特征

当前，新一代信息网络技术的发展和升级对网络构架、技术选型等提出了更高的标准和更高的要求，这具体表现在 5G 和 F5G 将鞭策供应链上下游加速技术研发和创新升级，带动市场终端应用行业的发展，促进现代生产制造体系转型升级，从而实现信息通信产业的技术赶超和现代化建设，推动相关产业加速变革。

（一）新一代信息网络技术的第一个经济学特征是显著的外部性

5G和F5G技术作为一种使能技术具有很强的外部性，这体现在能够显著地对产业链上下游产生积极的影响，推动产业链技术创新和上下游产品创新，创造巨大的直接与间接经济效益。以F5G技术的发展对上游光通信产业的带动为例，F5G的发展，提升了光通信业全产业链的技术要求，打破了光通信业原有市场格局，为行业技术进步和收入增长提供了契机，带动全产业链开展研发创新，助力光纤产业持续壮大，带动光器件产业加快升级，促进信息网络系统设备产业的繁荣发展，实现了全产业的转型升级。

首先，F5G能够推动产业链各环节实现技术创新，提升产品价值。F5G的发展需要技术支持，无论是解决器件材料的"卡脖子"问题还是实现通信设备的优化，都需要大量研发和创新，这就对产业链的各行业提出了新要求。而F5G能为市场带来巨大收入和抢占市场份额的机会，提升了各参与方对上游供应商采购需求和投资的信心，以资本驱动形式带动器件材料、设备网络等各产业研发创新，最终通过反馈闭环实现F5G产业生态体系整体的优化升级。

其次，F5G技术的发展能够刺激子产业链上光纤产业的市场需求，倒逼技术突破。从短期来看，F5G商用可以提升对于光纤光缆的消费，有利于缓解光纤产业的疲软压力。F5G的商用化需要完善城域网络，建设骨干网、城域网和实现光纤入户，这使光纤产业市场需求增加，保障光纤产业收入持续稳步增长。截至2020年中旬，我国已经在超过300个城市部署千兆固网，千兆光纤覆盖用户超8000万户。而千兆固网发展也能刺激5G商用需求，构建5G和F5G的技术应用生态体系，在未来的3~5年，光纤需求或将持续增加。从长期来看，伴随着F5G的发展，光纤产业需求和投资将加大，光纤产业发展前景也将日趋明朗，但是，我国光纤产业仍存在一些结构性问题，如低端产能过剩、高端产品创新不足。例如，光纤预制棒约占光纤产业价值的70%，但是其制作技术和工艺流程复杂，而我国预制棒技术相对落后，传统工艺套管法仍受制于套管进口量。市场对于超低损耗光纤需求增加以及对混合工艺和规模化生产的要求将倒逼光纤产业不断提升研发能力和创新能力。

最后，F5G技术能够加快子产业链光器件产业向高端产品布局，带动产业加速升级。在整个产业链中，光器件产业盈利水平较低，这主要是因为光器件产业规模较小，议价能力有限，且缺乏受专利保护的产品和设计。与光纤光缆、通信设备等行业不同，光器件行业尚未出现垄断，多数厂商仅负责单一的细分领域，导致市场集中度低，市场份额较为分散，这也导致光通信行业难以形成规模优势和技术优势，研发投入成本过高、用户需求不断变化、产品生产周期过短等也为光器件行业的发展带来挑战。而 F5G 的发展则对光通信设备，尤其是光收发器的发展提出新要求，支撑高速率的光收发器将成为市场主流，同时，F5G 的部署对网络速率要求提高，使对光器件产业的主要需求从 10G 转向 25G 及更高速率平台，激励了光器件厂商加大研发投入和实现转型升级。这将增加对光器件高端产品的需求，从而增加光器件收入份额，以及为光器件向高端市场转型提供契机，进而刺激光模块产业实现技术突破。

总之，新一代信息网络技术将有力地推动全产业链的创新涌现、技术突破和产品开发，每个节点都将获得价值提升，并最终实现全产业链的价值增值。

(二) 新一代信息网络技术的第二个经济学特征是互补性

5G 和 F5G 技术本身并不能直接应用于生产生活，而是需要与特定技术和产业相结合，才能使互补品成为事实上的必需品，同时，5G 和 F5G 与云计算、大数据、物联网这些数字科技和工业制造、金融、娱乐等产业融合发展所产生的价值将远超这些技术和产业的累加价值[1]。也就是说，新一代信息网络技术的互补性体现在两个方面：一是其价值取决于 5G、F5G 及其互补品（包括互补技术、服务和产品）的整体价值；二是 5G、F5G 和互补技术的联合使用将产生超额价值。这种互补性将增加用户（包括普通消费者和工业企业客户）对互补品的需求，进而带动互补产业的创新发展，刺激新产业、新业态、新模式不断涌现，最典型的案例便是 5G 和 F5G 技术对终端设备、终端应用和终端服务市场的推动。

首先体现在终端设备逐步普及，如智慧家庭场景下终端设备的普及。智慧家庭综合运用物联网、云计算、人工智能等技术手段，为家庭提供安防、物业等智能化解决方案。早期的智慧家庭终端产品，多以与用户单点

---

① Teece D. J. Profiting from Technological Innovation-implications for Integration, Collaboration, Licensing and Public Policy [J]. Research Policy, 1986, 15 (6): 285-305.

连接为主或者几个设备共享连接，与电视和手机实现连接和投射。设备之间共享连接不充分，产品设计仍未能满足消费者刚需，而是产生了一些"伪需求"，如消费者对于智能音箱等产品消费的原因主要为产品"新奇"而非产品"实用"。而新一代信息网络技术的推广可以为智慧家庭提供良好的网络基础，加快智慧家庭各种设备之间的互联互通，使家居控制、远程监控、远程抄表、安全预警等实用性强、用户需求大的功能逐步完善，最终实现智慧家庭的万物互联。在新一代信息网络技术支撑下，智能家电、智能安防、智能照明、智能机器人等智慧家庭终端设备消费将持续增长，普及率将得到极大的提高。根据 OVUM 机构报告，2019 年的全球智慧家庭市场规模共计 221 亿美元，2025 年，中国智慧家庭用户预计将达到 5 亿户[1]。

其次体现在终端应用不断丰富，如 5G+VR/AR 场景下丰富多样的应用开发。新一代信息网络技术为 4K/8K 等超高清视频发展提供了保障，刺激了消费者对于在线视频网站的需求，推动视频平台基于用户需求提供差异化、个性化的内容服务，带动内容供应产业多样性。在在线直播领域，超高清视频的发展使内容提供商、终端设备商、电信运营商的合作更为紧密。例如，华为与中国超高清视频产业联盟、UHD Forum、ITU、Wi-Fi 产业联盟、GSMA、好莱坞内容商、电视终端等产业伙伴发起全球 4K 超高清视频产业合作倡议，加强了电信运营商、终端设备商和内容提供商的紧密合作，共同为用户提供多样化的浸入式视频观看体验（VR 游戏直播、VR 体育直播等）。在社交应用领域，社交平台加强与终端设备商合作，提供高清观赏体验，借助 VR/AR 技术，增强了用户互动性。例如，Facebook 收购了 VR 头显厂商 Oculus VR，借助 VR 技术推出虚拟现实社交平台 Facebook Spaces，平台借助人脸识别系统等，为用户在虚拟世界定制虚拟形象，并且 Facebook 已经邀请第三方开发者丰富社交应用。在网络游戏领域，5G+VR/AR 缓解了体验瓶颈，提升了游戏玩家的用户体验，激励苹果、谷歌等公司纷纷布局游戏行业，并分别在苹果和安卓系统中提供 ARKit、ARCore 软件支持 AR 游戏应用下载。

最后体现在终端服务持续优化，如 5G、F5G 与云服务的融合与协同。云计算与边缘计算的协同合作不断深化，边缘计算采用分散式运算框架，

---

① 中国移动：《中国移动智慧家庭白皮书（2021 年版）》。

将计算、存储、应用等核心能力由网络中心节点转移到网络逻辑上的边缘节点，成为辅助"智慧大脑"云计算的"神经末梢"。云边协同有助于提供较快的计算服务响应速度，减少数据中心能耗，保障数据安全和隐私安全。但同时，边缘计算也对网络时限性提出更高要求，5G 和 F5G 作为云边协同基础设施，避免了数据上传下达所产生的时延弊端，有利于提升数据采集、处理和执行的能力及响应速度，保障故障发生时本地数据运行的可靠性和安全性。总的来说，从需求端来看，新一代信息网络技术的发展，增强了用户终端使用体验，提升了用户下载和上传数据需求，最终刺激了用户为终端市场付费的意愿，带动了终端市场的繁荣发展。从供给端来看，新一代信息网络技术为终端产业提供高网速、低时延的网络支撑，为终端产业发展提供底层技术支撑，带动了终端设备的更新升级，终端应用创新丰富，并且提升了云服务平台等终端服务的品质，提升了终端行业的整体价值。

总之，5G 和 F5G 的推广和发展将会推动其互补的终端行业创新，产生一些相互连接的新行业、新模式与新消费，最终协同提高终端用户的可用性和满意度。

（三）新一代信息网络技术的第三个经济学特征是具有调节作用

一方面表现在 5G 和 F5G 将加速制造业劳动生产率的提高，另一方面表现在 5G 和 F5G 将加速制造业就业结构由操作型和技能型就业向知识型就业的转变。

第一，与以往各代信息网络技术的愿景不同，5G 和 F5G 将更多地渗透到工业制造领域，开启信息网络技术与工业生产融合发展的新篇章，不断满足多样化、个性化需求。人工智能、工业互联网、物联网、边缘计算、智能制造等新技术的发展与运用已经改变了传统的生产方式，提升了企业的劳动生产率。新一代信息网络技术为各行各业的创新创业提供良好的信息基础设施，5G 和 F5G 与新技术的深度融合，将进一步推进智能制造、个性制造、柔性制造的发展，加快企业劳动生产率的进一步提高。通过对 5G 和 F5G 技术的使用，越来越多的生产制造企业提高了生产效率，这将吸引更多的终端用户使用，技术使用率越高，就越能激发新产业、新产品、新业态、新模式的创新和应用，以满足生产制造过程多样化和个性化产品的需求，这种基于同边和跨边网络效应产生的正向反馈也将加速生产率的提高。例如，新一代信息网络技术将增强云服务平台对企业生产运营效率的影响。当前，企业使用云服务平台已经成为企业数字化转型，特别是中小企业数字化转型的重要途径。云服务平台为企业提供 Saas、Paas、Iaas 等服务模式，省去企业搭建机房、购买硬件设施的成本，并为企业提供专业运维。特别是 Saas，可以为中小企业提供定制化软件，中小企业可以在线进行 ERP、CRM、OA 等。但是，云服务平台对于网络质量要求高，网络速度缓慢会影响企业运营甚至产生业务损失，而 5G 和 F5G 的铺开满足了云服务平台对网络质量的需求，为企业使用云服务平台提供高容量连接，在数字经济时代快速成长。

　　第二，新一代信息网络技术促进了智能化设备的大规模使用，这实现了机器对人的脑力劳动的替代。制造领域机器的使用和标准化生产线的普及已经实现了生产设备对产业工人劳动的替代，但是不同于大规模生产制造范式下机器与人的体力劳动之间的简单替代关系，智能化、数字化的生产设备不仅在一定程度上替代了人的脑力劳动，也对人的技能和知识提出了更高的要求。这是因为，在大规模生产制造范式下，人机之间的界面主要是标准化的机器硬件和具有相对标准化操作界面的软件，机器用户更多在操作层面与机械进行协作，设计层面的知识主要由设备或系统提供商完成；而在个性化、智能化的生产系统下，机器用户不仅要在操作层面使用生产设备，而且要直接参与产品的设计、开发过程，标准化了的仅仅是利用信息化工具进行产品设计、开发的软件界面。当生产和产品设计开发变得高度一体化时，机器用户不仅要具备复杂的操作技能和技术诀窍，更要具备复杂的产品设计开发知识。也就是说，随着 5G 和 F5G 技术的铺开推进的智慧化生产制造范式对人的技能和知识结构提出了更高的要求，制造业对操作型和技能型产业工人的需求将逐步下降，面向工程师和产品设计开发人员的知识型岗位将不断涌现。但是，这并不一定意味着大规模失业社会现象的产生，因为这更多地表现为一种知识型工人对操作型和技能型工人的结构性替代[①]。也就是说，从就业结构这个角度来看，一方面，新一代信息网络技术将加速简单劳动的失业；另一方面，智能化的生产又会加速创造出更多的高质量的工作机会。以 F5G 对就业需求的影响为例，首先，F5G 的建设过程会直接创造一批就业岗位，如增加对电信技术员、相关电信

---

　　① 贺俊，姚祎，陈小宁."第三次工业革命"的技术经济特征及其政策含义［J］.中州学刊，2015（9）：30-35.

设备制造员工数量的需求。其次，直接创造的就业岗位会创造出衍生的间接就业岗位。由于新增的岗位员工会产生相应的工业品需求和消费品需求，这就会造就一批新的商业供给。最后，这些直接和间接就业岗位产生的收入会推动员工家庭的消费，由此将再内生出一批就业需求。

总之，新一代信息网络技术的推广和使用将增强生产制造方式变革对劳动生产率和就业结构的影响。

三、信息网络技术未来发展趋势展望

信息网络技术经历了第 1 代到第 5 代的发展，目前已能很好地满足用户不同程度的需求，但受制于技术驱动能力，事实上新一代信息网络技术并未涉及更深层次的通信需求：一方面，5G 和 F5G 所面向的连接对象目前主要集中在陆地地表数千米高度的有限空间范围内，虽然涉及"物联"需求，但远不能达到"无所不联"的程度，例如，5G 还未能将网络覆盖范围扩展到太空、深山、深海、陆地等自然空间，实现"空天地一体化"的信息网络结构。另一方面，信息网络技术的迅速发展对信息数据的安全提出了更高的要求，例如，当前 5G+工业互联网的应用多数是基于电信运营商提供的公共 5G 网络，对于部分需要保证信息隔离的企业来说，需要建设一个独立于外部公共网络的工业专网，以保证数据传输的稳定性和安全性。

（一）"空天地一体化"的 6G 技术

业界普遍认为 5G 可以满足未来社会 10 年的移动通信需求，但对于 2030 年以后的移动通信技术发展，越来越多的机构和个人开始提出后 5G 或 6G 的概念，许多国家已经开始了 6G 技术的研发部署。国际上，2019 年，FCC（美国联邦通信委员会）率先通过了开放"太赫兹波"频谱的决议，以助力 6G 技术的发展；2020 年，ATIS（美国电信行业解决方案联盟）以确立美国在 6G 时代的领导地位为目标，牵头成立了北美 6G 发展管理组织 Next G 联盟；2021 年，欧盟 6G 旗舰研究计划"Hexa-X"正式启动，联合欧盟关键的大学、企业、科研机构等利益相关者，以共同推进欧洲 6G 进程；同时，俄罗斯、韩国、日本等也都在紧锣密鼓地开展相关工作。由此可见，国际上主要国家和机构对开启 6G 技术的研究工作有相当的共识。目前，我国也已着手研究 6G 技术，例如，2019 年，中国粤通院联合清华大学、中兴通讯等机构开始进行 6G 热点技术研究（包括太赫兹通信、可见光通信、轨道角动量等）；2020 年起，中国移动研究院、中国联通、赛迪研究院等相继发布 6G 白皮书，国内业界对 6G 技术的愿景和目标、预期应用场景、预期核心技术等形成了相对一致的观点。

6G 目标是满足 2030 年后社会的信息需求，以"智慧连接"（Intelligent Connectivity）、"深度连接"（Deep Connectivity）、"全息连接"（Holographic Connectivity）和"泛在连接"（Ubiquitous Connectivity）为愿景①。"智慧连接"是指 AI 技术与 6G 技术相结合，将"智慧"内化到 6G 技术中去，这表现在通信技术系统内在的全智能化上，如网元与网络架构智能化、终端设备智能化等。未来，网络结构将会更加庞大异构，业务类型和应用场景也将更加繁杂，"智慧连接"将成为支撑 6G 网络的基础特性，将为复杂庞大的网络本身提供智能化的管理方式。"深度连接"是指比 5G 技术更优秀的深度覆盖能力，尤其是要优化物联场景的深度覆盖。在未来物联场景中，终端设备将更加智能化，其活动空间将深度扩展，以及人机接口（BCI，Brain Computer Interface）技术的发展，6G 技术将以深度感知、深度学习和深度思维为特征。"全息连接"是指 6G 将服务对象从物理世界的人、机、物扩展至虚拟世界，利用高保真 AR/VR 交互、全息信息交互等技术，以支持 360 度全视角裸眼 3D 场景，实现全息三位显示，通过这种物理世界和虚拟世界的连接，同时满足人类在物质和精神层面的需求。"泛在连接"是指空天地海一体化连接，即全地形、全空间立体覆盖连接，强调地理覆盖范围的广度。这是因为，未来，随着人类自身活动空间的不断扩张，人类的活动踪迹将会更多地出现在极低、沙漠中心、远洋、地下深处甚至外太空等极端和恶劣区域，这些通信场景构成了更加广泛的连接需求。

当前，由于 6G 概念尚处于探讨阶段，因此关于 6G 技术的关键技术，不同的组织机构给出了不同的观点，但是普遍指出，由于当前频带紧张，新频谱通信技术或将是 6G 技术最重要的关键候选技术之一，如太赫兹通信技术和可见光通信技术。太赫兹通信技术具有方向性好、抗干扰、带宽宽、穿透性强，以及对天线尺寸要求更低等特点，网络传输时延会低于毫秒级而达到亚毫秒级，网络的传输响应时间更短，因此保证了下一代网络的实

---

① 赵亚军，郁光辉，徐汉青 . 6G 移动通信网络：愿景、挑战与关键技术 [J]. 中国科学：信息科学，2019，49（8）：963-987.

时通信性能。可见，光通信技术是一种对现有无线射频通信技术可能的补充技术，与无线电通信相比，这一技术所提供频谱无须频谱监管机构的授权，既不产生电磁辐射也不受电磁干扰，而且支持无线网络的快速搭建。

（二）卫星互联网技术——6G 时代的有力补充

5G 和 F5G 技术将我们带入"万物互联"时代，但是由于光波频率对高波段没有绕射功能，因此 5G 蜂窝移动信号的铺开要求必须建设足够的地面基站，同时，F5G 的建设也需要大量的光纤铺设且 F5G 不能直接支持移动场景，而卫星互联网技术通过卫星可以为全球提供互联网接入服务，更容易覆盖当前 5G 和 F5G 不能覆盖的区域。

按照运行轨道的高度，卫星可以被分为低轨、中轨和高轨三类。相对于传统高轨卫星的高成本、高时延、多盲区和有限带宽的特征，低轨卫星具有数据传输时延低、链路损耗低、发射灵活等明显的优势，能够实现全球的无缝互联网连接服务。低轨卫星主要支持偏远无人区通信、海上远海作业、航空航天通信和极地科考呼救救援等场景。

当前，在马斯克 Space X 公司的主导下，卫星互联网迎来快速发展期，典型案例即由美国 Space X 公司发起的 Starlink 项目（星链计划）。由于卫星互联网技术不受地面基础设施的限制，因此，星链计划的愿景是为那些无法接入互联网或者无法稳定可靠接入的地区提供高速率和低时延的宽带接入[1]。按照计划，Space X 公司将向地球近轨发射 12000 颗卫星，搭建一个太空星链网络，从太空向地球传输信号，以形成一个覆盖全球的真正意义上低时延、高带宽、广覆盖或全覆盖的"空天地一体化"卫星互联网络。也就是说，相对于 5G 和 F5G 服务于人口相对稠密、人群活动相对密集的地区，星链计划下的卫星互联网覆盖的场景更多集中于 5G 和 F5G 无法触达之处。

卫星互联网相对于 5G 和 F5G 的显著优点似乎是将讨论的重点聚焦到了星链计划是否能颠覆和替代 5G 技术上。例如，对于星链计划与 5G 在频谱资源和轨位上存在的竞争问题。由于相近频率的同时发射可能会产生信号干扰，因此一般来说不同的卫星通信系统不能使用相同频率。目前，卫星通信领域频谱资源存量紧张，可用频段少，加之 5G 快速推进时期新开放的

---

① https：//www.starlink.com.

频段与互联网卫星使用频率接近，将加剧频谱资源的竞争。例如，Intelsat 申请破产就与美国为支持 5G 基础设施建设而加速清除 C 段波频谱有关。又如，对比 5G 的峰值速率和时延，星链计划当前的预测数据速率（50～150MB/s）和时延性（40ms）远不能与 5G 相比。显然，星链计划算得上是一个创举，但远不能颠覆或者替代 5G，但主流观点更倾向性地认为两者是基于各自技术特点和应用场景的互补关系。因此，除了 Space X 公司外，美国 OneWeb、Amazon、加拿大 TELESAT、波音、三星等都在积极推进卫星互联网计划。当前，我国也正在加速卫星互联网布局，2020 年 4 月，国家发改委将卫星互联网纳入新基建的范围，这意味着"新基建"的内涵得到了扩展，我国将卫星互联网的部署上升为国家战略。

（三）工业专网——更安全的 5G 应用

与互联网不同，专用网络（Non-Public Network）是内部网络，指的是为特定企业、组织或事物活动提供内部通信连接的网络和相关服务，由企业独立运行、专门使用，且只有内部授权人员和终端才能访问。现有专网大多是基于有线以太网或无线 Wi-Fi 网络构建的，这两种方式都有其局限性。对于有线以太网来说，虽然其成本较低、网络性能较好、通信较稳定，但是不能支持移动场景的使用；对于无线 Wi-Fi 来说，虽然其具有较高的灵活性和移动性，但通信不稳定，可接入通信距离短、时延长且安全性存疑，对于工业专用场景并不友好。同时，相对于通信运营商提供的公共网络，专用网络技术相对来说滞后 1 至 2 代，比如说，目前主流专网使用的移动通信技术仅相当于 2G 时代的技术。

新一代信息网络技术的一个重要特征是引入了"物联"场景，这也就意味着，基于 5G 技术，专网通信建设将迈入新时代。2020 年，中国移动、中国电信、中国联通等相继发布《5G 行业专网白皮书》，定义了 5G 专网的技术架构、专网模式和应用场景等，虽然没有形成统一的结论，但是均涉及 5G 关键技术之一的切片技术在专网建设中的应用。网络切片技术，即将一个物理网络切割成多个虚拟的端到端网络，此时每个虚拟网络之间都是逻辑独立的，任何一个虚拟网络发生故障都不会影响其他虚拟网络。这种特性就使 5G 专网非常适合为企业创建多个具有不同属性的虚拟子网络，以满足现实工业多应用场景下（如机器人、传感器、AR/VR 设备、AGV 等）对网络的多元化需求。利用切片技术可以创建独立的虚拟网络，并赋予每个虚拟网络不同的功能特点，以实现逻辑上物理网络的隔离。

相对于基于公共 5G 网络的完全共有部署和混合私有部署，韩国 Netma-nias 定义了两种完全本地部署的 5G 专网模式：一是完全私有模式，即企业自己建立一个与公共网络隔离的 5G 网络，如同在企业内部建立一个私有的有线 Lan 或者 Wi-Fi Lan，可以采取运营商的 5G 频率。这种通过物理隔离的手段独立于运营商公共 5G 网络的专用网络，可以在很大程度上保障信息安全。二是部分私有模式，即企业通过使用运营商公共网络的部分资源建立一个半隔离专网。这种方式主要是指通过 RAN 共享的方式，专用网络和公共网络之间的共享建立在企业内部的 5G 基站，在这里实现数据的分流，使专网数据流向专网 UPF（用户面功能，User Plane Function），公网数据流向公网 UPF，这种数据上的隔离能够保障数据的内部流通性和高安全性，同时比第一种方式更节省成本①。

5G 工业专网部署的一个典型案例是：中国商飞与电信运营企业共同打造的 5G 工业专网全连接工厂，面向航空领域，逐步把运营商提供的公共 5G 网络替换为自主建设的 5G 工业专网，以提高生产制造的效率及数据传输的安全性，形成完善的专网运维模式和网络标准规范。商飞通过 5G 工业专网技术与物联网传感技术的结合，实现了人、机器设备、物料、工具、产品的全面连接，以及生产要素实时监控和数据的自动采集，并通过数据分析，进行多维度生产数据的统计和分析。此外，通过将 5G 工业专网连接云端，商飞实现了本地工业软件的云化，极大提升了工业软件的技术能力和系统联动能力。商飞 5G 工业专网还在持续推进建设中，未来将会继续解锁新的 5G 工业专网的深层次应用场景，为我国 5G 工业专网建设提供商飞方案。

---

① Harrison J. Son. Deployment Scenarios of Private 5G Networks，https：//www.netmanias.com/en/? m=view&id=blog&no=14500.

第三章
信息网络技术在中国制造业的应用
——以工业自动化为例

工业自动化是改造传统工业的有效手段，是现代工业生产实现规模、高效、精准、智能、安全的重要前提和保证。改革开放以来，在政府的大力支持下，我国工业自动化技术、产业和应用都有了很大的发展，工业自动化成为推动我国现代化工业发展的有力支撑。工业自动化是我国走新型工业化道路、发挥后发优势、实现跨越式发展的有效途径。

一、工业自动化的定义及其发展历史

（一）工业自动化的定义

自动化（Automation）是指在没有人工协助的情况下执行过程或过程中涉及的技术。工业自动化（Industrial Automation）是一种运用控制理论、仪器仪表理论、计算机和信息技术，对工业生产过程实现检测、控制、优化、调度、管理和决策，达到增加产量、提高质量、降低消耗、确保安全等目的的综合性技术。工业自动化技术作为现代工业的支撑技术之一，解决了生产效率与产品质量一致性的难题，其广泛应用大幅提升了生产效率、改善了劳动条件、保证产品质量和标准化程度，并可以提高生产企业对现代工业生产的预测及决策能力，是现代工业生产实现规模、高效、精准、智能、安全的重要前提和保证。

工业自动化控制系统是利用工业自动化技术对工业生产过程及其机电设

备、工艺装备进行检测与控制的工业自动化技术工具的总称。其中，设备自动化是工业自动化控制系统的基础和核心组成部分，应用最为广泛。实现设备自动化的工业自动化控制产品主要包括人机界面、控制器、伺服系统、步进系统、变频器、传感器及相关仪器仪表等。工业自动化控制系统作为智能装备的重要组成部分，是发展先进制造技术和实现现代工业自动化、数字化、网络化和智能化的关键，是实现产业结构优化升级的重要基础，目前广泛应用于机床、风电、纺织、起重、包装、电梯、食品、塑料、建筑、电子、暖通、橡胶、采矿、交通运输、印刷、医疗、造纸和电源等行业。

（二）工业自动化的发展历史

如果将自动反馈控制系统作为自动化的标志的话，那么古代的一些巧妙的设计工具即可以被认为是自动化的发端，如公元前 3 世纪古希腊人发明的一种类似现代抽水马桶中的球和旋塞装置的水钟[①]。不过，自动化技术真正的应用和发展得益于几次工业革命的推动，如图 3-1 所示。17 世纪第一次工业革命时期，蒸汽机的发明和使用引发了人们对温度调节、压力调节、浮动调节、速度控制等自动控制系统的需求，通过反复试验和大量的工程直觉，一些利用风能、水能、蒸汽动力等实现自动化工业流程的自动织机、自动纺纱机、自动面粉厂出现了[②③]。当然，这一阶段的自动化控制更多地取决于工程直觉，而非科学，直到 19 世纪中期，数学才成为自动控制理论的形式化语言，才得以保证反馈控制系统的稳定性。继而到了第二次工业革命时期，工厂电气化引入了继电器逻辑（Relay Logic），利用控制器记录仪表数据，通过彩色编码灯发送信号，最后由操作员手动开关来实现调节和控制[④]。电气化大大提高了工厂的生产率，进一步为工业自动化的发展奠定了基础。进而，"一战"和"二战"推动了大众传播和信号处理领域的重

---

① Guarnieri M. The Roots of Automation before Mechatronics [Historical] [J]. IEEE Industrial Electronics Magazine，2010，4（2）：42-43.

② Jacobson H. B, Roueek J. S. Automation and Society [M]. New York，NY：Philosophical Library，1959.

③ Hounshell D. A. From the American System to Mass Production，1800-1932：The Development of Manufacturing Technology in the United States [M]. Baltimore，Maryland：Johns Hopkins University Press，1984.

④ Bennett S. A History of Control Engineering 1930-1955 [M]. London：Peter Peregrinus Ltd. On Behalf of the Institution of Electrical Engineers，1993.

大进展，自动控制相关的微分方程、稳定性理论和系统理论、频域分析、随机分析等也得到了关键进展。

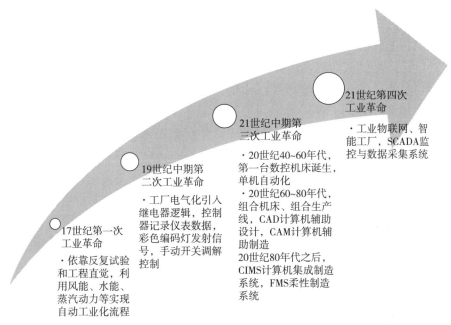

图3-1　世界工业自动化的发展历史

资料来源：笔者绘制。

20世纪中期的第三次工业革命又被称为信息控制技术革命，随着计算机、通信、微电子、电力电子、新材料等技术的不断更新，自动控制变得更为便利，工业自动化技术得到快速普及和发展，几乎所有类型的制造和组装过程都开始实施广泛的自动化。工业自动化的普及过程大致可以分为三个阶段：20世纪40~60年代为起步阶段，1952年世界第一台数控机床在美国诞生，工业自动化随工业化大生产应运而生，该阶段应用的机器人不需具备较强的灵活性，仅需完成重复装卸一种零件等简单工作，对提高生产效率和产品质量发挥了重要作用。20世纪60~70年代为发展阶段，在单机自动化的基础上，各种组合机床、组合生产线相继出现，同时软件数控系统也出现并应用于机床等设备，计算机辅助设计（CAD）、计算机辅助制造（CAM）等软件开始应用于工程的设计和制造。20世纪80年代以来，工业自动化开始进入快速发展阶段，为适应工件的多品种和小批量生产，工业自动化向集成化、网络化、柔性化方向发展，其中，计算机集成制造系统（CIMS）和柔性制造系统（FMS）为该阶段的主要应用成果。

进入21世纪以来，以人工智能、机器人技术、电子信息技术、虚拟现实等为代表的第四次工业革命将工业自动化水平提升到了更高的水平，一些先进的工业化国家开始通过物联网的信息系统将生产中的供应、制造、销售信息数据化、智慧化，最后达到快速、有效、个人化的产品供应水平，即进入了所谓的"工业4.0"的智能制造时代，代表性的例子是数据采集与监控的工业可控制系统软件SCADA（Supervisory Control and Data Acquisition）。

二、中国工业自动化的发展历程

我国现代工业的发展起步于清末的洋务运动。在洋务运动期间，我国采用西方的先进生产技术，创办了一批近代军事工业、民用工矿业和运输业，例如，江南机器制造总局、福州船政局、开平矿务局、兰州织呢局、汉阳铁厂、湖北织布局等，促使了近代企业和民族资本主义的诞生。但是由于洋务运动时期的工厂基本全部购买国外现成的机器设备，聘用国外专业技术人员，且经过多年的动乱和战争，少之又少的工厂遭到摧毁，到新中国成立时，中国的现代工业基础近乎于无。以新中国成立初期中国、印度和美国的钢和电产量比较为例：1950年印度人均钢产量为4千克，美国为538.3千克，中国1952年才2.37千克；1950年印度人均发电量为10.9千瓦时，美国为2949千瓦时，中国1952年仅为2.76千瓦时[①]。

新中国成立后，在苏联的援建下，我国开始大力发展重工业，在能源、冶金、机械、化学和国防工业领域布局重点工程，通过近30年的艰苦奋斗，建成了种类齐全、完整的、独立的工业体系，基本完成了工业化的原始积累，为此后的改革开放和工业化的发展奠定了基础。改革开放迎来了中国工业化的高潮，外来资本和先进的技术转移，国内产业结构不断调整和日益完善，尤其是2001年中国加入世界贸易组织以后，"中国制造"凭借廉价的劳动力优势走向全球，我国成为全世界的制造工厂。

中国工业自动化的过程也是伴随着中国工业化的发展同步推进的，尤其是改革开放正好赶上以信息技术为代表的新一轮产业技术革命，信息技

---

① 蔡启璧. 新中国建国以来工业化发展历史进程及现状［J］. 中国工业报，2018-03-20.

术具有的高渗透性、高带动性、高倍增性和高创新性等特点，有力地加速了工业自动化的进程。而我国政府一直以来高度重视推进工业化，从政策措施上对工业自动化的推广起到了重要的支持作用。如图 3-2 所示，总的来说，我国工业自动化的历史可以追溯到 1970~1979 年，以政府主导的计算机辅助软件的引进和开发作为开端；1980~1989 年，为了应对国际社会的激烈竞争，发展先进科学技术，国家启动"国家高技术研究开发计划"（以下简称"863 计划"），将计算机集成制造系统（CIMS）的开发作为主要攻克主题，有力地推动了工业自动化技术的突破；1990~1999 年，"甩图板"工程促使企业进行技术革新；2000~2009 年，为了进一步融入全球市场，国家主推国家制造业信息化工程，使工业自动化得以普及；2010 年之后，中国的互联网经济快速发展，促使"互联网+工业"一系列新业态的出现，部分企业开始朝着"工业 4.0"的智能工厂方向发展。

图 3-2　我国工业自动化历史的简要回顾

资料来源：笔者绘制。

（一）1970~1979 年：计算机辅助软件的引入

20 世纪 70 年代，当时一些知名的国外软件公司已经开发了计算机辅助系统的各类软件，如 CAD、CAE（计算机辅助求解复杂工程）、CAM。CAD可以用最简单、方便的操作生成产品几何形状的精确数字定义并且实时显示其真实感图形；CAE 可以静态和动态地求解分析复杂工程和产品的结构力学性能，从而把工程生产的各个环节有机地组织起来，优化结构性能；CAM 是利用计算机系统进行制造过程的计划、管理，控制和处理物料的流动，对产品进行测试和检验。这些计算机辅助技术的研究和软件开发最先是从飞机、航空、汽车等行业发展起来的，主要原因是这些设备的外形复杂，零部件之间的配合要求高。在 CAD 软件的开发上，美国洛克希德公司从 1974 年起向市场推出了 CADAM 系统，成为 20 世纪 70 年代中期至 20 世纪 80 年代末期国际上最流行的第一代 IBM 主机版交互绘图系统；麦道公司从 1976 年起开发的 Ungraphics 系统至今仍是机械行业 CAD/CAM 的高端四大主流系统之一；波音公司在 1980~1985 年孕育了 TIGER 系统，并在此后培育了不少小型软件包，含有二维绘图、曲面造型和数控加工编程等功能。

我国政府非常重视计算机辅助软件的应用和开发，在政府的主导下，航空、机床等行业率先引进 CAD、CAE 数控系统及 MIS（管理信息服务器），在石油化工钢铁等行业引进 DCS（数据传输系统）、PLC（可编程逻辑控制器）、现场控制仪表及系统，这一时期成为国内大范围工业自动化工具普及的开端。具体引进操作上，主要通过合作开发和技术学习，例如，航空工业部在 1983 年初与西德 MBB 公司互访，商定合作开发飞机设计制造管理集成系统，称作 CADEMAS 计划，中方从部属厂、所、校抽调技术骨干 20 余人，安排他们在德国工作到 1988 年。在技术引进的同时，政府也注重软件国产化，"七五"期间，机械工业部投入 8200 万元，组织浙江大学、中科院沈阳计算所、北京自动化所、武汉外部设备所分别开发四套 CAD 通用支撑软件，并由 34 家下属厂、所、校合作开发 24 种重点产品的 CAD 应用系统。在 CAE 的应用研发上，1979 年，美国的 SAP5 线性结构静、动力分析程序向国内引进移植成功，也掀起了应用通用有限元程序来分析计算工程问题的高潮。

（二）1980~1989 年："863 计划"攻克 CIMS

为了应对世界高技术蓬勃发展、国际竞争日趋激烈的严峻挑战，1986 年 3 月，我国启动实施了"863 计划"，针对我国经济发展有重大影响的七个高技术领域进行攻关，其中的自动化技术领域选定了两个主题：计算机集成制造系统（CIMS）和智能机器人。CIMS 的概念最早由美国学者哈林顿博士提出。CIMS 是通过计算机硬软件，并综合运用现代管理技术、制造技术、信息技术、自动化技术、系统工程技术，将企业生产全部过程中有关的人、技术、经营管理三要素及其信息与物流有机集成并优化运行的复杂大系统，其技术构成包括制造技术、敏捷制造、虚拟制造和并行工程。CIMS 将计算机的单机运行转化为集成运行，是一个非常大的跨越。作为制造自动技术的最新发展、工业自动化的革命性成果，CIMS 代表了工厂综合自动化的最高水平，可以从加快上市时间、降低产品成本、保证产品质量和提供优质服务四个方面提高企业的竞争力。

"863 计划"在清华大学建成了国家 CIMS 工程研究中心,负责 CIMS 关键技术的研究、技术成果的推广应用,以及技术人才的培训。十年内,CIMS 应用示范企业扩展到 800 多家,覆盖了机械、电子、化工、航空、造船、纺织等 20 多个行业,产生了明显的经济效益和社会效益。例如,成都飞机公司利用 CIMS 技术在国内成功地加工了标志 90 年代飞机数控加工高技术的飞机整体框架,比传统方法缩短工时 4.5 倍;在某型号新机型研制过程中,节约生产及准备工时 1 万多,对赢得美国麦道公司的承包合同也起到了巨大作用。北京第一机床厂通过实施 CIMS 工程,主导产品变形设计周期缩短 1/2,库存占用资金减少 10%,生产计划编制效率提高 40~60 倍。1994 年和 1999 年,国家 CIMS 工程研究中心和华中理工大学分别获美国制造工程师学会的"大学领先奖";1995 年,北京第一机床厂的 CIMS 工程相继获得美国制造工程师学会的"工业领先奖"和联合国工业发展组织的"可持续工业发展奖",表明我国的 CIMS 研究开发和应用开始进入国际先进行列。

(三) 1990~1999 年:"甩图板"工程革命

1991 年,当时的国务委员宋健提出"甩掉绘图板"(以下简称"甩图板")的号召,从此,我国政府开始重视 CAD 技术的应用推广,并促成了工业各领域的轰轰烈烈的企业革新。"甩图板"工程推动了二维 CAD 的普及和应用。该工程的推广不仅大大提高了设计质量、加快进度,而且通过多方案的比选优化,一般可节约基建投资 3%~5% 。

在"甩图板"工程的推动下,我国计算机辅助技术的研发和应用取得了较大进步,众多国产 CAD 企业如雨后春笋般建立起来。在发展初期,产生了凯思(中科院软件所开发)、开目(华中理工大学开发)、中国 CAD(深圳乔纳森开发)、高华 CAD(清华大学开发)等自主平台的二维 CAD 系统,以及基于 AutoCAD 二次开发的 Inte CAD(天喻 CAD 的前身,华中理工大学开发)、艾克斯特(清华大学开发)等系统,开创了一段国产二维机械 CAD 发展的黄金时代。2000 年之后,随着 OPEN DWG 联盟的兴起,中望、浩辰、纬衡、华途等公司先后推出了对 AutoCAD 兼容性更好的二维 CAD 软件,并且在正版化浪潮中,实现了快速成长,并实现了国际化。

除了自动化产业本身的发展,"甩图板"工程同时推动了各行业的企业信息化普及高潮:在 600 多家企业进行了 CAD 技术应用示范,在 3000 多家企业进行了重点应用,并带动数万家企业开展 CAD 应用。

（四）2000~2009年：国家制造业信息化工程

世纪之交，中国加入世界贸易组织，面临经济全球化的重大机遇与挑战。为了尽快提高我国制造业的整体素质和竞争力，科技部从"863计划"和攻关计划中拿出8亿元资金，组织实施"制造业信息化关键技术研究及应用示范工程"（以下简称制造业信息化工程）重大项目。这是加入世界贸易组织以后，科技部在以信息化带动工业化、以高新技术改造传统产业方面的一个重要举措。制造业信息化的内涵是将信息技术、自动化技术、现代管理技术与制造技术相结合，带动产品设计方法和工具的创新、企业管理模式的创新、企业间协作关系的创新，实现产品设计制造和企业管理的信息化、生产过程控制的智能化、制造装备的数控化和咨询服务的网络化，全面提升我国制造业竞争力。制造业信息化工程重点是抓好数字化设计、数字化生产、数字化装备和数字化管理，以此为基础，形成一批数字化企业。这一工程沿着两条主线推进，一是全国各省市制造业信息化工程建设，主要任务包括应用示范、技术服务和应用技术攻关等；二是关键技术产品的研发、应用及产业化，包括企业资源管理、制造执行系统、数据库管理系统、数控装备、企业集成平台和区域网络制造等7项关键技术，与企业应用示范和技术服务等紧密结合，实现产业化。

"十五"期间的制造业信息化工程建设取得了良好的效果，培育了一批制造业信息化专业服务机构，在27个省份、49个重点城市和6000多家企业推广了制造业信息化工程。在随后的"十一五"和"十二五"期间，国家科技部门继续大力推动我国制造业信息化工程，其中，"十一五"时期制造业信息化科技示范工程的阶段性成果是组织制造业企业实施设计制造一体化的"甩图纸"示范推广工程和经营管理信息化的"甩账表"示范推广工程。2006年5月，国务院办公厅发布《2006—2020年国家信息化发展战略》，强调到2020年我国将实现综合信息基础设施基本普及，信息产业结构全面优化，新型工业化发展模式初步建立，为迈向信息社会奠定坚实基础。同时，制造业信息化被列入《国家中长期科学和技术发展规划纲要（2006—2020年）》中制造业科技发展的重点方向。2008年，工业和信息化部正式挂牌。党的十六大提出两化融合的概念，即"以信息化带动工业化、以工业化促进信息化"。党的十七大进一步将两化融合上升为"促进信息化与工业化融合"，走新型工业化道路。2016年11月，工业和信息化部印发了《信息化和工业化融合发展规划（2016—2020 年）》，进一步推进了两化融合的重点任务和工程建设。

（五）2010 年之后："互联网+工业"

随着第四次工业革命及互联网的发展，大规模制造向大规模定制转型，工业自动化更多地需要搜集用户碎片化的需求数据，并且通过实时互联，保证用户的全流程参与和可视化。概括来说，互联工厂有三个基本特征。第一，定制：众创定制将用户碎片化需求整合，由为库存生产到为用户创造；用户全流程参与设计、制造等，由"消费者"变成"创造者"。第二，互联：与用户实时互联，从产品的研发到产品的制造，以及到供应商、物流商，全流程、全供应链的整合。第三，可视：全流程体验可视化，用户实时体验产品创造过程。

为了顺应这一潮流，2015 年 7 月，国务院印发《国务院关于积极推进"互联网+"行动的指导意见》，鼓励利用互联网思维发展新的业态模式，提升社会创新力和生产力，在工业领域，实现"互联网+工业"即传统制造业企业采用移动互联网、云计算、大数据、物联网等信息通信技术，改造原有产品及研发生产方式，与"工业互联网""工业4.0"的内涵一致。具体来看，"移动互联网+工业"是指借助移动互联网技术，传统制造厂商可以在汽车、家电、配饰等工业产品上增加网络软硬件模块，实现用户远程操控、数据自动采集分析等功能，极大地改善了工业产品的使用体验。"云计算+工业"是指基于云计算技术，一些互联网企业打造了统一的智能产品软件服务平台，为不同厂商生产的智能硬件设备提供统一的软件服务和技术支持，优化用户的使用体验，并实现各产品的互联互通，产生协同价值。"物联网+工业"是指运用物联网技术，工业企业可以将机器等生产设施接入互联网，构建网络化物理设备系统（CPS），进而使各生产设备能够自动交换信息、触发动作和实施控制。物联网技术有助于加快生产制造实时数据信息的感知、传送和分析，加快生产资源的优化配置。"网络众包+工业"是指在互联网的帮助下，企业通过自建或借助现有的"众包"平台，可以发布研发创意需求，广泛收集客户和外部人员的想法与智慧，大大扩展了创意来源。工业和信息化部信息中心搭建了"创客中国"创新创业服务平台，连接创客的创新能力与工业企业的创新需求，为企业开展网络众包提供了可靠的第三方平台。随着"互联网+"行动计划的推进，国内涌现出一批物联网、云计算、大数据、人工智能、工业互联网等技术和模式的产业化应用的标杆性企业，如 1001 号云制造平台、华虹 IC 工厂的供应链网络协同、美克家居个性化定制智能制造项目、海尔互联工厂、航天云网等①。

三、中国工业自动化的现状和发展趋势

中国工业自动化的发展道路，大多是在引进成套设备的同时进行消化吸收，然后进行二次开发和应用。如今，中国工业控制自动化技术、产业和应用都有了很大的发展，中国工业计算机系统行业已经形成。目前，工业自动化技术正向着数字化、网络化、智能化和集成化的方向发展。

（一）以工业 PC 为基础的低成本工业控制自动化成为主流

工业控制自动化主要包含三个层次，从下往上依次是基础自动化、过程自动化和管理自动化，其核心是基础自动化和过程自动化。传统的自动化系统，基础自动化部分基本被 PLC 和 DCS 垄断；过程自动化和管理自动化部分主要是由各种进口的过程计算机或小型机组成，其硬件、系统软件和应用软件的价格之高令众多企业望而却步。20 世纪 90 年代以来，由于 PC-Based 的工业计算机（以下简称工业 PC）的发展，以工业 PC、I/O 装置、监控装置、控制网络组成的 PC-Based 的自动化系统得到了迅速普及，成为实现低成本工业自动化的重要途径。基于 PC 的控制系统易于安装和使用，有高级的诊断功能，为系统集成商提供了更灵活的选择，并且从长远角度看，PC 控制系统维护成本低。在中国，中小型企业及准大型企业走的还是低成本工业控制自动化的道路，因此工业 PC 在中国得到了迅速的发展，成为主流。

（二）面向测控管一体化设计的 DCS 系统

自 1975 年霍尼韦尔公司推出世界上第一套分布式控制系统 DCS 以来，成功帮助众多企业解决了生产装置大型化和生产过程持续化所面临的控制问题，给企业带来经济效益的同时，DCS 的应用也得到了广泛的传播。我国 DCS 技术的研发在 20 世纪 80 年代才开始，起步较晚，其产品在技术发展上落后于国外。目前，国外企业如艾默生、ABB、霍尼韦尔、横河、西门

① 工业和信息化部. 2016 年中国"互联网+"在工业应用领域十大新锐案例［C］. 第二届"互联网+"千人论坛, 2016.

子等厂商仍占据国内 DCS 系统较大的市场份额。但近年来，由于中小型项目的快速发展，浙大中控、和利时等 DCS 厂商发展势头喜人，DCS 市场份额大幅提高，已经位居国内市场前列。如图 3-3 所示，2016 年，中国 DCS 市场规模为 60.52 亿元，其中，浙大中控、和利时的占比分别为 19%、18%，位居行业第一、第三。近年来，国内品牌由于进入行业早、项目积累多，再加上价格优势，逐渐从外资品牌口中蚕食市场份额，业绩处于小幅提升的状态，外资品牌均有不同程度的下滑，如霍尼韦尔、施耐德、ABB 等 2016 年的业绩下滑都在 20% 以上。从未来的市场前景来看，DCS 除了可以在传统的石化、化工、电力行业的应用之外，在市政、医药、太阳能、精细化工等行业的智能制造项目中也有广阔的应用空间；并且随着 DCS 功能的日趋完善，DCS 平台的衍生产品和解决方案也在不断升级，如先进控制、能源管理、移动解决方案等，DCS 服务市场的比重将不断扩大。小型化、多样化、PC 化和开放性是未来 DCS 发展的主要方向。目前，小型 DCS 所占有的市场，已逐步与 PLC、工业 PC、FCS 共享。今后，小型 DCS 可能首先与这三种系统融合，而且"软 DCS"技术将首先在小型 DCS 中得到发展。PC-Based 控制将被更加广泛地应用于中小规模的过程中，各 DCS 厂商也将纷纷推出基于工业 PC 的小型 DCS 系统。开放性和 DCS 系统将同时向上和向下双向延伸，使来自生产过程的现场数据在整个企业内部自由流动，实现信息技术与控制技术的无缝衔接，向测管控一体化方向发展。

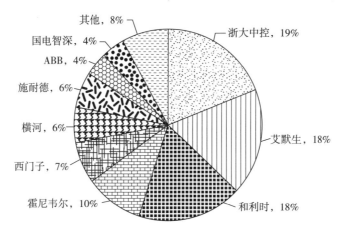

图 3-3　2016 年中国 DCS 主要供货商市场份额

资料来源：https://www.sohu.com/a/200503977_ 715708.

(三) 仪器仪表技术在向智能化、网络化方向发展

目前，中国仪器仪表工业已有相当好的基础，初步形成了门类比较齐全的生产、科研、营销体系，成为亚洲第二大仪器仪表生产国。数据显示：2016 年，仪器仪表行业规模以上企业实现主营业务收入 9355.4 亿元，同比增长 9.1%；实现利润总额 790.3 亿元，同比增长 8.2%，其增长率分别比 2015 年高出 3.3 个和 2.1 个百分点。在中国仪器仪表各细分行业中，国内企业在电工仪器仪表、工业测量和科学测试仪器仪表领域具备了一定的竞争优势，诞生了一批具备国际竞争能力的企业，但高端产品市场依然被国外大型企业所主导。专业化的仪器和装置是工业自动化的基础，如图 3-4 所示，从历年来我国专业、科学及控制用仪器和装置的进出口数据来看，我国仪器仪表的进出口大约在 2003 年之后快速上升，并在 2013 年达到顶峰，进口额为 880 亿美元、出口额为 600 亿美元，随后有所下降，但近年来每年进口金额依然超过 700 亿美元，历年来进口的额度均大于出口，可见仪器仪表行业对外依存度依然较高，尤其是高端精密的仪器装置。我国仪器仪表产业虽然得到了快速发展，但与国外的差距仍然较大，主要体现在：科技创新及其产业化进展缓慢；关键核心技术匮乏，低水平重复异常突出；产品稳定性和可靠性长期得不到根本性解决；等等。随着国际上数字化、智能化、网络化、微型化的产品逐渐成为主流，国内外仪器仪表产业的差

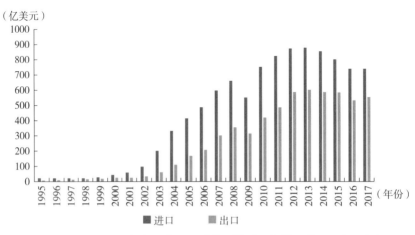

图 3-4　1995~2017 年中国专业、科学及控制用仪器和装置进出口金额

资料来源：海关总署及 Wind 数据库，笔者绘制。

距还将进一步加大。从今后仪器仪表技术的主要发展趋势来看，仪器仪表将向智能化和网络化等更高端的方向发展。

（四）数控技术向高精尖的产品结构发展

数控技术是一种数字化信息对加工工艺与机械运动过程进行控制的技术，主要应用于机床。1952 年，美国麻省理工学院研制出第一台试验性数控机床，开创了数字电气化控制的新纪元，标志着制造领域计算机时代的开始。随着计算机技术的飞速发展，各种不同层次的开放式数控系统应运而生。中国数控系统的开发与生产，通过"七五"引进、消化、吸收，"八五"攻关和"九五"产业化，取得了很大的进展，基本上掌握了关键技术，建立了数控开发、生产基地，培养了一批数控人才，初步形成了自己的数控产业，也带动了机电控制与传动控制技术的发展。同时，具有中国特色的经济型数控系统经过这些年来的发展，产品的性能和可靠性有了较大的提高，逐渐被用户认可。总体来看，我国数控系统市场基本上处于低档自给自足，中档受制于人，高档依赖进口。从图 3-5 历年来中国的金属加工机床进出口结构来看，近年来每年出口数量超过 800 万台，但总出口金额仅为 39 亿美元左右，平均每台的价格仅为几百美元；相反，进口金属加工机

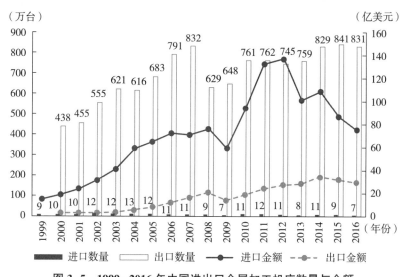

图 3-5　1999~2016 年中国进出口金属加工机床数量与金额

资料来源：国家统计局及 Wind 数据库，笔者绘制。

床 2016 年仅 7 万台，但金额高达 75 亿美元，平均每台金额高达 10 万美元以上，可见多为中档、高端金属加工数控机床。随着国民经济的发展，汽车、船舶、工程机械、航空航天等行业对我国机床行业的需求巨大，产品结构也逐渐向中高端转化，因而国内数控系统的市场潜力巨大。未来，数控技术的发展应支持网络化管理模式、柔性化组织机构和制造设备、快速响应市场需求和个性化客户服务等新的需求。智能化、开放性、网络化、信息化成为未来数控系统和数控机床发展的主要趋势：向高速、高效、高精度、高可靠性方向发展；向模块化、智能化、柔性化、网络化和集成化方向发展；向 PC-Based 化和开放性方向发展；出现新一代数控加工工艺与装备，机械加工向虚拟制造的方向发展；信息技术与机床的结合，机电一体化先进机床将得到发展；纳米技术将形成新发展潮流，并将有新的突破；节能环保机床将加速发展，占领广大市场。

（五）工业控制网络将向无线方向发展

未来，各种通信技术将从平行、独立地发展，逐步走向融合，如无线移动通信技术与 IP 网络的融合，电信网、电视网、计算机网、卫星通信网络走向融合，从而实现人与人、人与机器、机器与机器之间畅通无阻，随时随地的通信将为工业应用提供统一的网络平台。

无线通信技术给人们的工作和生活带来的影响是空前的，目前全球范围内第四代蜂窝移动通信网络正在快速向 5G 演变。5G 技术相比 4G 技术，其峰值速率将增长数十倍，从 4G 的几十 Mb/s 提高到 100Gb/s。移动通信正在向提供数据、语音、视频等多种全面服务方向转变。在工业自动化领域，成千上万的感应器、检测器、计算机、PLC、读卡器等设备，需要互相连接形成一个控制网络，通常，这些设备提供的通信接口是 RS-232 或 RS-485。无线局域网设备使用隔离型信号转换器，将工业设备的 RS-232 串口信号与无线局域网及以太网络信号相互转换，符合无线局域网 IEEE 802.11b 和以太网络 IEEE 802.3 标准，支持标准的 TCP/IP 网络通信协议，有效地扩展了工业设备的联网通信能力。而计算机网络技术、无线技术及智能传感器技术的结合，将产生"基于无线技术的网络化智能传感器"的全新概念。这种基于无线技术的网络化智能传感器使工业现场的数据能够通过无线链路直接在网络上传输、发布和共享。无线局域网技术能够在工厂环境下，为各种智能现场设备、移动机器人及各种自动化设备之间的通信提供高带宽的无线数据链路和灵活的网络拓扑结构，在一些特殊环境下有效地弥补了有线网络的不足，进一步完善了工业控制网络的通信性能。我国移动通信技术起步虽晚，但在 5G 标准研发上正逐渐成为全球的领跑者。华为、中兴、大唐等国内领军通信设备企业高度重视对 5G 技术的研发布局，在标准制定和产业应用等方面已获得业界认可。例如，中兴早在 2014 年就联合中国移动在深圳完成全球首个 TDLTE 3D/Massive MIMO 基站的预商用测试，2016 年开始规模部署在全球建设 10 张商用网络；华为已经在 5G 新空口技术、组网架构、虚拟化接入技术和新射频技术等方面取得重大突破，其Polar 码方案成为 5G 国际标准码方案。

（六）工业控制软件正向先进控制方向发展

作为工控软件的一个重要组成部分，近几年国内在人机界面组态软件研制方面，取得了较大进展，软件和硬件相结合，为企业测、控、管一体化提供了比较完整的解决方案。在此基础上，工业控制软件将从人机界面和基本策略组态向先进控制 APC（Advanced Process Control）与实时优化技术 RTO（Real Time Optimization）的方向发展。随着过程工业逐渐走向大型化、连续化，企业对工业过程控制的品质提出了更高的要求。一般将基于数学模型而又必须用计算机来实现的控制算法，统称为先进过程控制策略，如自适应控制、预测控制、鲁棒控制、智能控制（专家系统、模糊控制、神经网络）等。先进控制和优化软件可以创造巨大的经济效益。资料显示，兰州石化公司重油催化裂化装置引进美国霍尼韦尔公司 RMPCT 多变量先进控制技术，年经济效益为 984 万元以上；齐鲁石化胜利炼油厂催化裂化装置采用美国 Aspen 公司的 DMC plus，年经济效益在 1236 万元以上；镇海炼化PX 装置采用浙大中控的 APC-Suite，年经济效益为 1064 万元。在过程工业装置上，应用 DCS 系统只有配置先进控制和优化软件，才能充分发挥计算机的强大计算和智能功能。DCS、先进控制和优化三项技术投资收益关系如下：其中投资的 70% 用于购置 DCS，换回来的经济效益为 20% 左右，再增加 30% 的投资，得到的经济效益为 80%，其中先进控制技术的贡献是 50%，实时优化技术的贡献是 30%。国际上已经有几十家公司推出了上百种先进控制和优化软件产品，在世界范围内形成了一个强大的流程工业应用软件产业，由于价格不菲，这也成为工业控制软件的一个重要发展方向。

四、建议

工业自动化是现代工业的"神经"和"心脏"，与我国推进工业化是极其紧密的相互依存、相互渗透和相互深化的关系，是落实中国制造业发展的关键。当前，《国家中长期科学和技术发展规划纲要》已经明确指出了制造业领域的优先发展主题之一是"流程工业的绿色化、自动化及装备"。《国务院关于加快振兴装备制造业的若干意见》又明确指出要"重点支持系统集成技术、自动化控制技术以及关键共性制造技术、基础性技术和原创性技术的研究开发"，并且将"发展重大工程自动化控制系统和关键精密测试仪器，满足重点建设工程及其他重大配套技术装备高度自动化和智能化的需要"作为实现重点突破领域之一。结合我国工业自动化发展的短板，建议从以下几点推进工业自动化的发展：

（一）以应用促提升，降低重大工程的自动化控制系统对外依存度

我国工业化经过几十年的发展，已经具备相当的重大工程装备的设计和制造能力，如大型数控机床、大型矿山机械、大型化工装备、大型发电装备、大型炼油装备等，但在与之配套的自动化控制系统和自动化控制装备却存在严重的短板。如重大核电工程国产自动化控制装备，在秦山核电站、大亚湾核电站等已经应用24套，但全部都在外核，没有进入核岛；重大石化工程，国产计算控制系统已经应用3800余套，但关键装置、核心装置应用还不足150套；我国自主设计制造的大型注塑机，其控制系统95%依靠进口；大型挖掘机的液压控制系统，几乎全部从德国引进；3000立方米以上的特大型高炉，自动化控制系统100%由外商提供。总体来看，目前国内炼油、石化、电力、冶金、高铁等高端技术市场基本上为进口产品所垄断，重大工程自动化控制系统与装备约85%依赖进口，而这些重大工程装备是我国国民经济的命脉，实际上已经被发达国家不同程度地掌握着。因此，大力发展重大工程高端自动化控制装备，是加快振兴我国装备制造业，确保国民经济安全的迫切需要。

随着当前千万吨级炼油、百万吨级乙烯、百万千瓦火电、百万千瓦核电、万里高速公路、综合电网等重大工程的推进，政府需要为国产自动化控制系统和装备提供一定的应用机会，尤其在关键装置、核心装置上，为

国内自动化控制系统及装备的研究开发提供重大的应用业绩，积累实践应用经验，从而形成良性循环，树立国产自动化控制装备的先进性和优越性的形象。

（二）推进基础共性技术的研发，解决自动化行业科研能力不足、缺乏产业标准的问题

全球自动化行业从无序到有序，与其自动化的技术和标准是相辅相成、共同推进的。我国工业自动化起步较晚，在技术和产业发展水平上均落后于国外先进国家的知名企业，从而在技术和标准上还处于接纳和模仿阶段，长期以来要把采用国际标准作为学习国外先进技术的一种手段和捷径。但技术标准要被企业真正地接受，充分理解其中的指标含义，还需要进一步地消化吸收。从企业发展层面来看，我国工业自动化行业主要是以中小企业为主，还没有出现西门子、ABB 等具备完整产业链的大型公司，各个领域非常分散，技术的研发依赖于各个厂商自身的研发水平，各自建立研发平台，从而导致重复开发的现象普遍存在，各个平台难以形成一个共享的标准开发平台，使国内许多自动化产品缺乏标准型，也导致国内企业在巨大的市场需求面前发展速度依然缓慢。同时，大部分自动化技术开发周期长、售后维护复杂也导致国内企业发展缓慢。例如，由于缺乏统一的制造企业生产过程执行系统 MES（Manufacturing Execution System）技术标准，国内 MES 产品从功能、接口、开发、实施、维护等方面呈现"百花齐放"的局面，不仅影响了 MES 产品本身的技术性能，也影响了 MES 与周边系统平滑衔接的性能，加大了系统开发、应用和维护的成本，与国外同类 MES 产品竞争缺少优势。

国家应该进一步推进基础共性技术的研发，制定高端统一的行业标准，为中小企业提供科技创新的支持。在市场经济的大潮中，大部分企业均会把生存作为第一标准，而忽略基础技术的研究。而我国原有的一些公益性的研究所在改制为企业后，也将更多的精力放在市场打拼中，而忽视了对基础技术研究的工作。我国工业自动化技术还处于较为落后的阶段，许多核心技术亟待创新和突破，并且还存在不少"技术孤岛"，迫切地需要国家投入更多的科研资源进行共性技术的研发和突破，可参考其他国家或地区的做法，在政府支持下，落实国家对于先进的自动化技术的发展规划，结合市场需求，开发前瞻性、关键性、共通性技术转移给产业界，从而对于

行业标准的统一、减少重复开发，节约社会资源起到较好的作用。

（三）实施重大专项，由技术驱动向应用驱动转变，发展民族品牌

从我国当前工业软件整体来看，国外巨头在工业软件应用中占据主导地位，如 SAP、甲骨文，国产工业软件品种较少，功能不全，缺乏核心技术的创新和突破，研发推广应用的进度无法跟上国内制造业发展的需求。从嵌入式软件的发展来看，由于我国高端嵌入式芯片领域的整体技术水平与国外仍有一定的差距，因而产业基本处于中下游的应用软件研发，缺乏核心技术的开发能力。在经营管理类软件中，目前高端市场仍然基本被 SAP 等国际软件巨头占据，但国内经营管理类软件厂商在经历了学习、吸收和结合国情自主开发的基础上已经逐渐成熟起来，在实用性差、实施周期短、风险低、见效快等方面存在一定优势，但也存在软件可配性较差、售后服务不足、管理观念转变滞后等缺点。在产品研发类软件中，经过多年的推广，我国产品研发类软件的应用领域不断扩展，除了传统的汽车、航空、机械等主要应用领域，快速消费品、制药、钢铁等流程制造行业正成为产品研发类软件应用的新兴市场，其中，CAD 软件在国内企业中有较好的应用，但还是存在应用不平衡、投资回报率低、咨询服务水平较低等问题。

在未来的发展中，我国还需要投入大量资金和人力在国产工业软件技术创新上，突破关键技术和核心技术，研发功能强大、易用好用、性价比高的产品与国际品牌抗争。从国家政策和行业制度来讲，优先安排对扩大内需作用直接、能尽快形成产业化能力的软件项目，实施重大专项，提高基础软件自主创新能力，能够对我国工业软件的发展带来根本性的进步。从我国实施一系列五年计划以来，我国软件发展基本上是技术先行，现在要由技术驱动向应用驱动转变。工业软件首先具有的是其工业范围内的特点，同时它也是软件，需要从软件技术方面支持它的发展。这就要求工业软件在发展时，工业界与软件界必须进行合理分工，把软件放在支撑的位置上，而不是指导地位，以市场需求、工业化发展为导向，去发展工业软件。

（四）紧跟互联网发展态势，整合已有市场信息，开发公共技术开发平台和解决方案软件

随着互联网的不断发展和计算机应用的不断拓展，分布、并发的复杂

应用及互通、互联、互操作的应用需求使功能更加丰富、屏蔽操作系统具有特性的中间件等支撑技术得到快速发展，并形成较为完整的软件平台体系。软件的竞争已经从产品竞争发展成体系竞争，软件平台体系发展成为网络环境下各种应用的支持基础。以嵌入式软件领域为例，GPL（通用性公开许可证）概念正对嵌入式软件产业产生深远影响。嵌入式 Linux 多种原型的提出和 GNU（通用公共许可证）软件开发工具软件的适用性进展，正为我国加快发展嵌入式软件技术提供极好的机遇和条件。此外，开放源代码的、基于 Java 的可扩展开发平台 Eclipse，其灵活的技术和授权模式使嵌入式供应商能创建用户友好的嵌入式工具。在过去几年中，大部分嵌入式开发人员已经将 Eclipse 作为他们选择的平台方案。大多数实时操作系统供应商拥有 Eclipse 开发环境，而且大多数芯片/内核供应商已经为那些希望开发自有架构的软件开发人员提供 Eclipse 链接。这些开源技术的开发，为构建嵌入式软件公共技术开发平台提供了良好的基础。

国外软件企业善于把需求通用化，他们喜欢做操作系统、数据库和通用应用软件等。中国软件企业的最大软肋是不善于把需求通用化、平台化，所以尽管多年服务于中国信息化市场，有大量的行业资产，但是和国外巨头相比，国内软件企业的软件还不够强大。中国软件企业需要转变思路，善于把行业资产进行固化、通用化和平台化。只有把所有软件加在一起支持各种应用，支持互通互联，形成不同行业、不同应用的国产软件解决方案，中国工业的快速发展才会带动国产工业软件的发展，从而未来中国才会出现世界级的工业软件公司。

第四章
信息网络技术对中国制造业高质量发展的影响

近年来，在新一轮技术革命与产业变革推动下，信息网络技术已成为科技进步的主要领域，对制造业发展产生了不可忽视的影响。本章将从四个方面论证信息网络技术对中国制造业高质量发展的影响：首先，阐述信息网络技术对中国制造业高质量发展的影响机理；其次，估算中国在"十四五"时期信息网络技术建设所需要的投资；再次，依靠 GVAR 模型和国家统计局公布的投入产出表，量化分析信息网络技术建设对制造业所产生的经济影响，估算其将创造出的制造业直接与间接经济价值；最后，通过计量回归方法预测信息网络技术普及后推动的制造业全要素生产率（TFP）提升。通过这些论证，本章全面评估信息网络技术建设给中国制造业经济增长和经济质量带来的效益。

一、信息网络技术对中国制造业高质量发展的影响机理

进入 2019 年后，我国外部环境更趋严峻复杂，国内经济下行压力加大，实体经济困难仍然较多，重点领域风险隐患仍然存在，稳增长、稳就业、稳投资、稳预期已成为当前我国经济工作的核心任务。事实上，随着 2010 年后我国经济步入中高速增长期，我国的经济增长模式发生了根本性变化。传统投资和净出口这"两驾马车"对经济增长的贡献率逐步下降，消费成为经济保增长的"稳定器"，这意味着进一步开拓新型投资领域、挖掘内需、推动投资和消费高质量发展将成为我国转变经济增长方式的重点任务。在此背景下，信息网络技术作为一种新型基础设施，可以成为制造业稳投

资和促消费的着力点。

短期来看，信息网络技术是制造业稳投资的最优抓手。新凯恩斯主义宏观经济学认为，居民消费存在"习惯形成"（Habit Formation），短期内难以改变一直以来养成的消费习惯和消费倾向，较难在短期内成为经济保障增长的"核武器"。相比之下，投资可以通过乘数效应，在短期内放大各行业产出，稳定经济增长预期。然而，投资存在边际效益逐步递减的问题。自 2009 年"四万亿计划"后，传统基础建设和房地产投资的弊端不断显现，且对经济的拉动作用越发不明显。若此时还寄希望于传统大规模基建投资手段，无异于饮鸩止渴。因此，在一方面需要投资稳增长，另一方面又不能大量使用传统投资的情况下，以信息网络技术为代表的新型基础设施投资是当仁不让的最优选择。作为一种新型基础设施，信息网络技术可以强化对创新数字经济的支撑作用，避免了传统基建投资的弊端。当前，高质量发展已成为中国经济发展的核心战略。除了继续推进"三去一降一补"五大任务之外，着力振兴实体经济、大力开展"创新驱动"也为高质量发展注入了新内涵。作为"五大发展理念"之首，创新是引领发展的第一动力，是推动经济增长的"牛鼻子"。在具体实施过程中，数字经济已成为开展创新驱动的主要载体。据中国信息通信研究院的数据，2020 年，中国数字经济规模达 39.2 万亿元，占国内生产总值（GDP）比重达到38.6%；此外，2020 年中国数字经济领域就业人数超过 2 亿人，占总就业人数比重近 30%，已成为吸纳就业的重要渠道。这些数字显示，一个以互联网为基础的智慧中国正在崛起，而高质量、广覆盖的信息网络技术将会对制造强国的发展提供有力支持。

长期来看，信息网络技术是制造业促消费的有力催化。根据恩格尔定律，随着家庭收入的增加，家庭收入（或总支出）中用来购买食物的支出份额会下降，而用于娱乐、卫生保健、教育方面的支出占家庭收入的比重则会上升。2019 年，中国居民恩格尔系数为 28.2%，连续 8 年呈现下降态势，达到了经济合作与发展组织（OECD）国家的水平，这意味着我国人民生活已经处于"富足"状态。恩格尔系数的变化反映了居民消费从食品向高品质商品方向发展的新趋势，提示今后要顺应消费升级来改善生产结构、投资结构及消费的基础设施，使消费红利充分释放，让消费更好地发挥对经济发展的基础性作用。信息网络技术正是顺应消费升级趋势，为创造更丰富多彩的消费内容提供基础设施支持。信息网络技术的出现，会刺激 5G、VR、云游戏、超高清视频等新兴产业的爆发，让消费者得到更多的精神享受。因此，信息网络技术的普及将会带来巨大的直接与间接经济价值。

二、"十四五"时期信息网络技术投资规模估算

信息网络技术投资主要包括数字经济的基础设施与传统基础设施数字化升级两大类。数字经济的基础设施包括以 5G 和 F5G 为核心的全光网 2.0、物联网（包括工业互联网、车联网）、人工智能及数据中心（包括数据存储和计算）。为预测"十四五"时期的数字经济的基础设施投资，我们通过借鉴广东省 2020 年重点建设项目投资，从 1230 个项目中将其投资的新型基础设施进行整理归类，分离出 2020 年投资的全光网 2.0、物联网、人工智能、数据中心等项目[①]。"十三五"期间广东省固定资产投资完成额占全国固定资产投资完成额的比重较为稳定，2020 年其占比变化不大，维持在年均 5.5% 的水平。此外，"十三五"期间全国固定资产投资增速约为 6.5%，假定"十四五"期间数字经济基础设施各项目投资仍然保持这样的增速，即可推算出全国 2021~2025 年的数字经济基础设施各项目投资额（见表 4-1）。可见，"十四五"期间，中国全光网 2.0 投资预计为 16427.2 亿元，物联网投资预计为 14442.7 亿元，人工智能投资预计为 11025.0 亿元，数据中心投资预计为 11576.2 亿元。"十四五"期间的数字经济基础设施投资合计为 53471.1 亿元。

表 4-1 "十四五"期间数字经济基础设施投资预测　　单位：亿元

	2020 年	2021 年	2022 年	2023 年	2024 年	2025 年	"十四五"时期合计（2021~2025 年）
全光网 2.0	2709.1	2885.2	3072.7	3272.4	3485.2	3711.7	16427.2
物联网	2381.8	2536.6	2701.5	2877.1	3064.1	3263.3	14442.7
人工智能	1818.2	1936.4	2062.2	2196.3	2339.0	2491.1	11025.0
数据中心	1909.1	2033.2	2165.3	2306.1	2456.0	2615.6	11576.2
全国合计	8818.2	9391.4	10001.8	10651.9	11344.3	12081.7	53471.1

资料来源：笔者整理。

---

① 选取广东省的原因在于，在已公布的各省份重点项目投资计划中，广东省的分类最全，涉及新型基础设施的种类较详尽，同时"十三五"期间广东省固定资产投资完成额占全国固定资产投资完成额的比重较为稳定，因此我们通过整理广东省的投资来推算全国情况。

　　传统基础设施数字化升级包括智能电网、智慧交通、智慧市政（包括智慧水电气）及重大疫情灾害防控和应急管理体系等。智能电网方面，国家电网于 2019 年在智能电网方面的投资约 300 亿元，主要涵盖了电力供应链管理、企业中台数控、电力安全运行、电力数字化系统、能源生态体系、电力芯片等多个领域。2019 年，国家电网售电量约为 4.2 万亿千瓦时，南方电网售电量约为 1.05 万亿千瓦时，南方电网的智能电网投资力度与国家电网相当，2019 年中国智能电网投资约 375 亿元。智慧交通和智慧市政方面，2019 年中国智慧交通领域投资为 68.6 亿美元，约为 473.6 亿元，智慧市政领域投资为 114.4 亿美元，约为 789.4 亿元。重大疫情灾害防控和应急管理体系方面，据国家卫生健康委员会数据，我国公共卫生专项任务经费的项目拨款近年来呈现逐年下降之势，从 2014 年的 5.3 亿元降至 2019 年的 4.5 亿元。然而，2020 年初暴发的新型冠状病毒肺炎疫情显示加大重大疫情灾害防控和应急管理体系建设的重要性，因此，2020 年公共卫生专项任务经费较 2019 年翻一番，约 9 亿元。同样假定"十四五"期间，智能电网、智慧交通、智慧市政及重大疫情灾害防控和应急管理体系保持住"十三五"时期全国固定资产投资的平均增速水平，则可预测 2021～2025 年传统基础设施数字化升级各项目投资额（见表 4-2）。可见，"十四五"期间，智能电网投资预计为 2421.7 亿元，智慧交通投资预计为 3058.4 亿元，智慧市政投资预计为 5097.8 亿元，重大疫情灾害防控和应急管理体系投资预计为 54.6 亿元。"十四五"期间的传统基础设施数字化升级投资合计约为 10632.6 亿元。

表 4-2　"十四五"期间传统基础设施数字化升级投资预测　　单位：亿元

	2020 年	2021 年	2022 年	2023 年	2024 年	2025 年	"十四五"时期合计（2021～2025 年）
智能电网	399.4	425.3	453.0	482.4	513.8	547.2	2421.7
智慧交通	504.4	537.2	572.1	609.3	648.9	691.0	3058.4
智慧市政	840.7	895.4	953.6	1015.5	1081.5	1151.8	5097.8
重大疫情灾害防控和应急管理体系	9.0	9.6	10.2	10.9	11.6	12.3	54.6
全国合计	1753.5	1867.4	1988.8	2118.1	2255.8	2402.4	10632.6

资料来源：笔者整理。

综合数字经济基础设施和传统基础设施数字化升级投资的预测结果，可以得出"十四五"期间信息网络技术的总投资额（见表4-3）。"十四五"期间，我国信息网络技术投资预计从2021年的11258.8亿元上升至2025年的14484.1亿元，合计投资将达到64103.7亿元。

表4-3 "十四五"期间信息网络技术投资预测　　　　　单位：亿元

	2021年	2022年	2023年	2024年	2025年	"十四五"时期合计
数字经济基础设施	9391.4	10001.8	10651.9	11344.3	12081.7	53471.1
传统基础设施数字化升级	1867.4	1988.8	2118.1	2255.8	2402.4	10632.6
合计	11258.8	11990.6	12770	13600.1	14484.1	64103.7

资料来源：笔者整理。

三、信息网络技术对制造业增长的影响测算

评估信息网络技术在建设过程中给中国制造业带来的经济效益，即需要考察其对经济产出和就业的影响，这又包括三个维度的带动效应：首先，信息网络技术的建设过程会增加各行业的中间投入需求，并直接创造就业岗位，增加诸如光纤、基站、数据中心等基础设施施工人员，半导体芯片、信号器、传感器等信息通信设备制造人员，以及与之相关的软件人员等需求。其次，直接创造的各行业需求还会创造衍生的间接需求。为了满足需求新增的各行业供给会增加相应的工业品需求和消费品需求，这就会造就一批新的商业生产。最后，这些直接和间接需求产生的收入会推动从业人员家庭的消费，由此将再内生出一批生产需求和就业岗位。可见，信息网络技术建设具备显著的乘数效应，将较小的投资额杠杆放大，从而对整个国民经济都能带来影响。

在估计信息网络技术投资创造的直接和间接经济价值过程中，我们采用国际主流的结构化产业时间序列估计模型——GVAR模型，并结合投入产出表，挖掘信息网络技术建设对制造业分行业的直接和间接影响。投入产出表可以度量信息网络技术投资对国民经济不同部门产生的直接、间接和

内生的经济产出影响。三个效应之间的相互关系可以通过乘数效应确定，并可估算出制造业增加值对就业的拉动效果。

（一）GVAR 模型基本原理

目前，Pesaran 等（2004）提出并经 Dees 等（2006）扩展的 GVAR 模型被广泛应用于多个国家、多个部门的经济互动关系研究中。GVAR 模型构建了一个由单个个体 VAR 模型构成的全局系统，通过考虑不同个体的内在联系，分析全局变量冲击对各个个体内生变量的影响以及不同个体之间的溢出效应。

依据 GVAR 模型建模步骤，本章设定我国产业经济系统内有 N 个部门。对于第 i 个部门，内生变量为 $k_i \times 1$ 阶的向量 X_{it}，其余 N-1 个部门的加权平均用 X_{it}^* 表示。对于单个部门的 VARX*（1，1）模型可设为式（4-1）：

$$X_{it} = a_{i0} + a_{i1}t + \Phi_{i1}X_{i,t-1} + \Lambda_{i0}X_{it}^* + \Lambda_{i1}X_{i,t-1}^* + \varepsilon_{it} \qquad (4-1)$$

其中，Φ_{i1} 是一个 $k_i \times k_i$ 阶的滞后系数矩阵；Λ_{i0} 和 Λ_{i1} 表示其他部门影响系数 $k_i \times k_i^*$ 阶矩阵；ε_{it} 为 $k_i \times 1$ 阶随机扰动项，可表示为部门层面的异质性冲击。假定各部门的自发冲击是不相关的，均值为零，即 $\varepsilon_{it} \sim i.i.d.$（0，$\Sigma_{ii}$），其中，i = 0，1，…，N。一般假设 Σ_{ii} 不随时间变化而变化且是正定矩阵。对于本章构建的部门 VARX* 模型，方差—协方差矩阵的时间不变性假设可以放松且不存在过度约束问题。部门外变量可由 $X_{it}^* = \sum_{j=1}^{N} w_{ij}X_{jt}$，（$w_{ii}$ =0）构建。权重矩阵 w 反映不同部门的影响（关联）程度，本章用投入产出表数据构造部门间关联权重。

将部门内生变量 X_{it} 和部门外变量 X_{it}^* 相结合，令 $Z_{it} = (X_{it}', X_{it}^{*'})'$，可将式（4-1）转化为：

$$A_i Z_{it} = a_{i0} + a_{i1}t + B_i Z_{i,t-1} + \varepsilon_{it} \qquad (4-2)$$

其中，$A_i = (I_{k_i}, -\Lambda_{i0})$，$B_i = (\Phi_{i1}, \Lambda_{i1})$，且 A_i 和 B_i 均为 $k_i \times (k_i + k_i^*)$ 阶矩阵，且 A_i 为行满秩矩阵，即 rank（A_i）= k_i。

将所有的部门联系到一起，得到一个 $k \times 1$ 阶向量，$k = \sum_{i=1}^{N} k_i$ 为全局模型里所有部门的内生变量个数之和，各个部门的内生变量可设为 X_t。

则 $Z_{it} = W_i X_t$，其中 $X_t = (X_{1t}', X_{2t}', \cdots, X_{Nt}')'$，代入式（4-2），写成上下叠加形式得到：

$$GX_t = a_0 + a_1t + HX_{t-1} + \varepsilon_t \qquad (4-3)$$

其中，$G = \begin{pmatrix} A_1W_1 \\ A_2W_2 \\ \vdots \\ A_NW_N \end{pmatrix}$，$H = \begin{pmatrix} B_1W_1 \\ B_2W_2 \\ \vdots \\ B_NW_N \end{pmatrix}$，$a_j = \begin{pmatrix} a_{1j} \\ a_{2j} \\ \vdots \\ a_{Nj} \end{pmatrix}$，$\varepsilon_t = \begin{pmatrix} \varepsilon_{1t} \\ \varepsilon_{2t} \\ \vdots \\ \varepsilon_{Nt} \end{pmatrix}$，$j = 0, 1$。$W_i$

是一个由产业关联权重构成的矩阵，阶数为 $(k_i + k_i^*) \times k_i$，是一个将各个部门的 VARX* 模型连接成 GVAR 模型的矩阵。G 是 $k \times k$ 的满秩矩阵，G^{-1} 一定存在，式（4-3）两边左乘 G^{-1}，得到 GVAR 模型：

$$X_t = b_1 = G^{-1}a_1 + b_1t + DX_{t-1} + e_t$$

其中，$b_0 = G^{-1}a_0$，$b_1 = G^{-1}a_1$，$D = G^{-1}H$，$e_t = G^{-1}\varepsilon_t$。

通过对单个部门的 VARX* 模型进行估计和通过计算产业关联矩阵计算 W 中的系数，这样能够构造已知的系数矩阵 G，避免了直接估计 GVAR 模型众多参数而导致自由度不足的问题，使在 GVAR 模型内可以进行类似 VAR 模型的分析。

（二）行业部门划分

根据国家统计局发布的《中国投入产出表（2015）》[①]，行业门类被分为 42 个部门。由于"农林牧渔产品和服务""煤炭采选产品""石油和天然气开采产品""金属矿采选产品""非金属矿和其他矿采选产品"5 个部门与新型基础设施相关的投入较小、数据缺失严重或者序列太短，考虑样本数据的准确性、可获得性，以及新型基础设施的主要影响行业，本书选择除上述 5 个行业部门外的其他 37 个行业部门作为研究对象。样本区间为2003 年 1 月至 2015 年 12 月。不可否认，尽管样本空间的限制可能会影响模型的稳健性结果，但该数据选取可最大限度地构建一个能反映我国分行业内部相互联系的经济系统。

（三）分行业部门关联权重计算

为得到各部门对应的其他所有部门的加权平均变量 x_{it}^*，需要先确定部

---

① 国家统计局最新公布的《中国投入产出表（2017）》是以 149 个产品分类，并未按照行业部门划分，而《中国投入产出表（2015）》则是按 42 个行业部门划分。就新型基础设施的外部性影响而言，行业分析更为清晰直观，因此我们采纳的是《中国投入产出表（2015）》的分类标准，而非《中国投入产出表（2017）》。

门间关联权重 w_{ij}。本章借鉴 Hiebert 和 Vansteenkiste（2007）、耿鹏和赵昕东（2009）等的研究方法，根据国家统计局 2015 年公布的投入产出基本流量表数据构造部门间关联权重。由于 2007 年后国家统计局对部门分类标准做了小部分调整，而中经网等数据库依然使用 2002 年部门分类标准，为使研究一致，我们在构造关联权重时对部门进行了相应整合。用 j 部门对 i 部门的投入表示部门 i 与部门 j 的关联程度，即权重 $w_{ij} = m_{ij} / \sum_{j=1}^{N} m_{ij}(i \neq j)$ 且 $w_{ii} = 0$（计算结果见表 4-4）。其中，m_{ij} 表示 i 部门生产中使用 j 部门产品的价值，即部门 j 对部门 i 在生产中的投入，而 $\sum_{j=1}^{N} m_{ij}(i \neq j)$ 表示 i 部门生产中使用的除本部门外的中间产品总价值，即其他部门对 i 部门在生产中的总投入。由此，借助 $x_{it}^* = \sum_{j=1}^{N} w_{ij} x_{jt}$ 可得到各部门对应的其他所有部门的加权平均变量。

表 4-4　主要行业部门关联权重表

部门	06	10	12	13	14	16	17	19	20	21	25
06	0.0000	0.0370	0.8064	0.0804	0.0094	0.0023	0.0013	0.0019	0.0009	0.0016	0.0002
10	0.0000	0.0000	0.0000	0.0000	0.3595	0.0055	0.0017	0.0003	0.0010	0.0000	0.0000
12	0.1212	0.1154	0.0000	0.2774	0.1610	0.0238	0.0159	0.0113	0.0080	0.0121	0.0053
13	0.0739	0.0659	0.0238	0.0000	0.0127	0.0193	0.0300	0.0471	0.0644	0.1400	0.0551
14	0.1599	0.0245	0.0008	0.0040	0.0000	0.3435	0.3086	0.2238	0.0868	0.0200	0.0297
16	0.0812	0.0836	0.0176	0.0343	0.0652	0.0000	0.1968	0.2348	0.0755	0.0495	0.0414
17	0.1115	0.0722	0.0058	0.0128	0.0334	0.0075	0.0000	0.0062	0.0043	0.0036	0.0051
19	0.0244	0.0367	0.0042	0.0087	0.0194	0.0343	0.0266	0.0000	0.0046	0.0161	0.0097
20	0.0340	0.0327	0.0022	0.0074	0.0100	0.1306	0.0789	0.0934	0.0000	0.1478	0.1002
21	0.0055	0.0050	0.0003	0.0018	0.0008	0.0485	0.0481	0.0294	0.1058	0.0000	0.4373
25	0.0452	0.0066	0.0027	0.0132	0.0074	0.0112	0.0104	0.0261	0.0090	0.0238	0.0000

注：根据《中国投入产出表（2015）》，相应中类部门代码为：06 代表食品和烟草，10 代表造纸印刷和文教体育用品，12 代表化学产品，13 代表非金属矿物制品，14 代表金属冶炼及压延加工品，16 代表通用设备，17 代表专用设备，19 代表电气机械及器材，20 代表通信设备、计算机及其他电子设备，21 代表仪器仪表，25 代表电力、热力的生产和供应。篇幅所限，本章仅列出主要被影响行业权重。

（四）模型统计检验

建立我国分行业部门 GVAR 模型需要对每个部门 VARX* 模型进行统计

检验。首先，对所有变量进行 ADF 和 WS 单位根检验。结果表明，在 5% 水平下均为一阶单整。其次，检查各个行业部门模型中可能存在的协整关系。借助 Johansen 协整关系的迹检验，可发现除石油、炼焦产品和核燃料加工品、非金属矿物制品、化学产品、金属制品外，其余部门均至少有一个协整关系。对存在协整关系的部门 VARX* 模型，通过 VECMX* 进行估计即可；而对没有协整关系的 4 个部门，则需进行一阶差分后重新进行估计。最后，只当 d_t 与 x_{it}^* 为弱外生性变量假设时，模型估计结果才有意义。因此，对单个 VARX* 模型进行估计后，还需对每个部门的外生变量进行弱外生性检验。通过对各个部门 x_{it}^* 和 d_t 共进行 163 个弱外生性检验，本书发现只有 21 个检验拒绝弱外生性的原假设，这个结果在可接受范围内，表 4-5 列出了变量 POIL 和 PRAW 的弱外生性检验，结果发现只有 3 个不符合弱外生性。为了使结果更具稳健性，本章通过不断改变变量滞后阶数进行反复检验发现，拒绝原假设个数均控制在很小范围内。由此，本书认为各个部门模型符合弱外生性检验，经济系统可以构建 GVAR 模型以进行动态分析。

表 4-5　变量弱外生性检验结果

部门	F 统计	5%临界值	POIL	PRAW	部门	F 统计	5%临界值	POIL	PRAW
06	F (2, 84)	3.11	0.20	0.02	27	F (2, 79)	3.11	2.81	0.98
07	F (2, 84)	3.11	—	2.91	29	F (2, 79)	3.11	2.41	0.73
08	F (3, 78)	3.11	4.00*	—	30	F (2, 90)	3.10	0.15	2.82
13	F (2, 79)	3.11	0.24	3.52*	31	F (2, 79)	3.11	0.44	0.47
14	F (2, 84)	3.11	0.35	1.05	32	F (2, 84)	3.11	2.65	7.87*
15	F (2, 84)	3.11	2.42	0.57	33	F (2, 85)	3.10	2.13	1.47
16	F (2, 79)	3.11	0.37	0.44	34	F (2, 84)	3.11	0.13	1.23
17	F (2, 79)	3.11	1.04	0.52	35	F (2, 90)	3.10	1.57	0.17
18	F (2, 84)	3.11	0.02	2.37	36	F (2, 79)	3.11	0.32	0.85
19	F (2, 90)	3.10	0.18	0.05	37	F (1, 85)	3.95	0.18	0.31
20	F (2, 79)	3.11	0.33	0.53	39	F (2, 79)	3.11	0.89	0.36
21	F (2, 84)	3.11	0.76	0.26	40	F (1, 85)	3.95	1.24	0.01
22	F (2, 84)	3.11	0.39	0.20	41	F (2, 84)	3.11	0.20	0.63
26	F (2, 79)	3.11	0.68	0.42	42	F (2, 84)	3.11	0.55	1.60

资料来源：笔者整理。

（五）信息网络技术创造的制造业直接经济价值

通过 GVAR 模型，可预测 2021～2025 年信息网络技术建设每年将创造的制造业分行业直接经济价值。信息网络技术的投资将直接带来电信运营业、设备制造业和信息服务业的快速增长，并通过投入产出关系拉动对所有行业的配套需求，进而对制造业增加值增长产生直接贡献。由表 4-6 可见，信息网络技术投资对制造业 19 个分行业的经济增加值影响不一。影响最大的行业是通信设备、计算机和其他电子设备行业，每年产生新增加值超过 7000 亿元，"十四五"期间创造的新增加值达到 40673.3 亿元。此外，对电气机械和器材、化学产品、造纸印刷和文教体育用品、金属冶炼和压延加工品、金属制品、非金属矿物制品等行业影响也较大，"十四五"期间创造的新增加值分别达到 7909.9 亿元、5900.0 亿元、3233.1 亿元、2859.8 亿元、1398.5 亿元和 1233.8 亿元。而信息网络技术影响较小的行业包括废品废料、金属制品、机械和设备修理服务、纺织品、木材加工品和家具等行业，其"十四五"期间创造出的新增加值不足百亿元，这反映了信息网络技术与这些行业之间的经济关联度较低。

表 4-6 "十四五"时期信息网络技术建设创造的制造业直接经济价值

单位：亿元

行业分类	2021 年	2022 年	2023 年	2024 年	2025 年	合计
食品和烟草	185.5	197.6	210.4	224.1	238.7	1056.3
纺织品	7.0	7.5	8.0	8.5	9.1	40.1
纺织服装鞋帽皮革羽绒及其制品	26.5	28.2	30.1	32.0	34.1	150.9
木材加工品和家具	15.2	16.2	17.2	18.3	19.5	86.4
造纸印刷和文教体育用品	567.8	604.7	644.1	685.9	730.5	3233.1
石油、炼焦产品和核燃料加工品	29.7	31.7	33.7	35.9	38.3	169.4
化学产品	1036.2	1103.6	1175.3	1251.7	1333.1	5900.0
非金属矿物制品	216.7	230.8	245.8	261.8	278.8	1233.8
金属冶炼和压延加工品	502.3	534.9	569.7	606.7	646.2	2859.8
金属制品	245.6	261.6	278.6	296.7	316.0	1398.5
通用设备	92.3	98.3	104.7	111.5	118.8	525.6
专用设备	82.0	87.3	93.0	99.0	105.4	466.7

行业分类	2021 年	2022 年	2023 年	2024 年	2025 年	合计
交通运输设备	89.3	95.1	101.3	107.9	114.9	508.5
电气机械和器材	1389.2	1479.5	1575.7	1678.1	1787.2	7909.9
通信设备、计算机和其他电子设备	7143.6	7607.9	8102.5	8629.2	9190.1	40673.3
仪器仪表	92.5	98.5	104.9	111.8	119.0	526.8
其他制造产品	26.4	28.1	30.0	31.9	34.0	150.4
废品废料	1.2	1.3	1.4	1.4	1.5	6.8
金属制品、机械和设备修理服务	12.5	13.3	14.2	15.1	16.1	71.2
被影响行业直接创造经济价值	11761.5	12526.1	13340.6	14207.5	15131.3	66967.5
制造业直接创造经济价值合计	23020.3	24516.7	26110.6	27807.6	29615.4	131071.2

资料来源：笔者整理。

通过加总各行业创造的直接经济价值可得出，所有被信息网络技术建设影响的制造业分行业每年创造的经济价值将超过11000亿元。若进一步加入信息网络技术建设本身投资，可得出，信息网络技术2021~2025年间每年直接创造的制造业增加值超过23000亿元，"十四五"建设期间创造的制造业直接经济价值将达到131071.2亿元。

（六）信息网络技术创造的制造业间接经济价值

信息网络技术建设及其创造的制造业直接经济价值，通过产业间的关联效应和波及效应，将放大信息网络技术对经济社会发展的贡献，即间接带动国民经济各行业、各领域创造更多的经济价值。我们将各行业直接创造的经济价值代入GVAR模型，可进一步测算得出各行业创造的间接经济价值。由表4-7可见，信息网络技术建设产生的制造业分行业间接经济价值也不尽相同，但均高于直接经济价值。创造间接经济价值最大的行业是通信设备、计算机和其他电子设备行业，每年超过17000亿元，"十四五"期间总计100633.0亿元。此外，创造直接经济价值较大的电气机械和器材、化学产品、造纸印刷和文教体育用品、金属制品、金属冶炼和压延加工品、非金属矿物制品等行业附带产生的间接经济价值也较大，"十四五"期间总计分别达到40956.2亿元、11639.3亿元、9597.5亿元、8224.3亿元、6992.7亿元和4789.1亿元。而创造间接经济价值较小的行业也是创造直接经济价值较小的行业，如金属制品、机械和设备修理服务、纺织品、木材加工品和家具等。

表 4-7 "十四五"时期信息网络技术建设创造的制造业间接经济价值

单位：亿元

行业分类	2021 年	2022 年	2023 年	2024 年	2025 年	合计
食品和烟草	570.8	608.0	647.5	689.6	734.4	3250.2
纺织品	14.4	15.4	16.4	17.4	18.6	82.1
纺织服装鞋帽皮革羽绒及其制品	144.8	154.2	164.0	174.9	186.2	824.3
木材加工品和家具	34.4	36.6	39.0	41.5	44.2	195.7
造纸印刷和文教体育用品	1685.6	1795.2	1911.9	2036.2	2168.6	9597.5
石油、炼焦产品和核燃料加工品	231.5	246.5	262.5	279.6	297.8	1317.8
化学产品	2044.3	2177.1	2318.7	2469.4	2629.9	11639.3
非金属矿物制品	841.1	895.8	954.0	1016.0	1082.1	4789.1
金属冶炼和压延加工品	1228.2	1308.0	1393.0	1483.5	1580.0	6992.7
金属制品	1444.5	1538.4	1638.3	1744.8	1858.3	8224.3
通用设备	338.8	360.9	384.3	409.3	435.9	1929.2
专用设备	466.9	497.3	529.6	564.0	600.7	2658.5
交通运输设备	215.8	229.8	244.8	260.7	277.6	1228.8
电气机械和器材	7193.3	7660.9	8158.9	8689.2	9254.0	40956.2
通信设备、计算机和其他电子设备	17674.6	18823.4	20047.0	21350.1	22737.9	100633.0
仪器仪表	525.2	559.4	595.7	634.5	675.7	2990.5
其他制造产品	674.8	718.7	765.4	815.2	868.1	3842.2
废品废料	9.0	9.6	10.2	10.9	11.6	51.2
金属制品、机械和设备修理服务	36.0	38.4	40.9	43.5	46.4	205.2
制造业间接创造经济价值合计	35374.0	37673.6	40122.3	42730.3	45508	201407.8

资料来源：笔者整理。

通过加总各行业创造的间接经济价值可得出，所有被信息网络技术建设影响的制造业分行业总额每年将超过 35000 亿元，"十四五"建设期间创造的间接经济价值将达到 201407.8 亿元。若进一步加入信息网络技术建设创造的制造业直接经济价值，可得出，信息网络技术"十四五"期间每年创造的制造业总经济价值（直接经济价值与间接经济价值之和）将超过

58000 亿元，"十四五"建设期间创造的制造业总经济价值将达到 332479.0 亿元。据此估计，"十四五"期间信息网络技术建设带动的制造业增加值平均每年能给中国 GDP 增长贡献 0.5 个百分点，创造 2738 万人的就业岗位。

四、信息网络技术对制造业效率的影响测算

当信息网络技术普及后，其对制造业发展的带动作用主要体现在资本深化效应和提高 TFP 两方面。凭借快速技术进步，信息网络技术相关产品价格不断下降，会促使更多的企业进行信息网络技术产业链投资，在生产过程中用新资本取代传统资本，即进行所谓的资本深化进程。这不仅会增加企业资本投入量，还会提高资本质量，也有助于降低生产成本，并增加产出。此外，作为一种通用技术，信息网络技术具备强大的技术外溢效应，其在生产过程中的广泛使用可显著提高企业的生产率。信息网络技术建设可显著带动一系列的技术创新，并嵌入各种类型的产品架构和技术应用中，提高企业组织管理效率。同时，信息网络技术还具备规模经济优势。为了卖出更多的产品和服务，给消费者提供更加多样化和可定制的产品、提高产品质量，各行业的公司都会逐步使用全光网、人工智能、物联网、数据中心等服务。在此情况下，当更多的公司使用信息网络技术时，就会给已使用信息网络技术的公司带来收益，而这无须进行额外的投资，是直接降低企业投资信息网络技术的成本。可见，信息网络技术的技术外溢效应融合了知识、规模经济和创新等多种要素，这能较好地改善各行业公司的组织架构、管理水平和人力资本，从而提高整个制造业的 TFP。

在估算信息网络技术对我国制造业 TFP 的贡献率时，本书借鉴 Jorgenson 和 Vu（2005）的方法。在一个规模报酬不变的竞争性市场中，行业 j 的 TFP 增长率可以定义为式（4-4）：

$$tfp_j = \Delta lnY_j - v_{K,j}\Delta lnK_j - v_{L,j}\Delta lnL_j - v_{X,j}\Delta lnX_j \qquad (4-4)$$

其中，$v_{K,j}$、$v_{L,j}$、$v_{X,j}$ 分别为资本投入 K、劳动投入 L 和中间产品投入 X 占名义总产出的比重。然而，在很多情况下，一些行业总产出和中间投入数据的获取存在困难，此时，我们将式（4-4）改写成增加值 TFP 增长率的估算，如式（4-5）所示：

$$tfp_j^{VA} = \Delta lnV_j - u_{K,j}\Delta lnK_j - u_{L,j}\Delta lnL_j \qquad (4-5)$$

其中，$u_{K,j}$、$u_{L,j}$ 分别表示资本投入 K、劳动投入 L 占行业增加值的比

重。而 tfp_j^{VA} 和 tfp_j 之间的关系为：$tfp_j = v_{v,j} tfp_j^{VA}$。其中，$v_{v,j}$ 为行业增加值占总产出的比重。

由此，整个制造业的 TFP 增长率 tfp 可以分解为：

$$tfp = \Delta lnV - v_K \Delta lnK - v_L \Delta lnL$$

$$= \left(\sum_j \frac{w_j}{v_{v,j}} tfp_j \right) + \left(\sum_j w_j \frac{v_{K,j}}{v_{v,j}} \Delta lnK_j - v_K \Delta lnK_j \right) +$$

$$\left(\sum_j w_j \frac{v_{L,j}}{v_{v,j}} \Delta lnL_j - v_K \Delta lnL \right)$$

$$= \left(\sum_j \frac{w_j}{v_{v,j}} tfp_j \right) + REALL_K + REALL_L$$

$$\approx \sum_j w_j tfp_j^{VA}$$

可见，行业 j 对全国 TFP 增长率的贡献约为 $w_j tfp_j^{VA}$，根据上文中预测出的信息网络技术投资累计额，以及创造的就业人口数量和行业增加值，即可计算出信息网络技术对我国制造业 TFP 的贡献。

由图 4-1 可见，2020 年之后，信息网络技术的普及确实在一定程度上提高了我国制造业 TFP，并呈现指数型增长态势。信息网络技术推动我国制造业 TFP 增长率从 2020 年的 2.9 个百分点上升到 2025 年的 9.1 个百分点。从数值上看，在前期，信息网络技术对我国制造业 TFP 增长率的提高的帮助并不明显。这一方面是由于我国信息网络技术相关产业起步较晚，投资

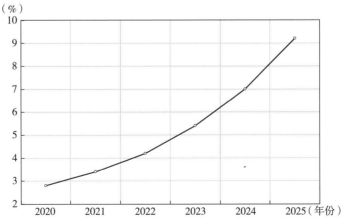

图 4-1　信息网络技术对中国制造业 TFP 增长的贡献率

和资本积累偏低，导致其在国民经济中产值占比较低，对总量经济影响有限；另一方面是因为信息网络技术相关产业的研发能力还较弱，创新人才缺乏，缺少突破性的技术进步。然而，随着后期信息网络技术的普及度逐步提升，其对制造业的生产率和行业技术提升效应开始显现，成了拉动制造业 TFP 增长的重要源泉。

五、结论

本章分三步估算了信息网络技术建设对中国制造业高质量发展的影响。首先，分别预测了"十四五"期间数字经济基础设施与传统基础设施数字化升级投资额，并由此测算出，"十四五"期间信息网络技术年投资金额将从 2021 年的 11258.8 亿元上升至 2025 年的 14484.1 亿元。其次，采用 GVAR 模型，并结合投入产出表，挖掘出信息网络技术建设对制造业主要行业的直接与间接影响。测算结果显示，"十四五"期间，信息网络技术每年直接创造的制造业经济增加值将超过 11000 亿元，五年建设期间创造的直接经济价值将达到 131071.2 亿元；同期，每年创造的制造业间接经济价值超过 35000 亿元，五年建设期间创造的间接经济价值将达到 201407.8 亿元。若进一步加入信息网络技术建设创造的直接经济价值可得出，信息网络技术"十四五"期间每年创造的制造业总经济价值（直接经济价值与间接经济价值之和）超过 58000 亿元，五年建设期间创造的总经济价值将达到 332479.0 亿元。据此估计，"十四五"期间，信息网络技术投资平均每年能拉动中国 GDP 增长 0.5 个百分点，并创造 2738 万个就业岗位；最后，我们借鉴 Jorgenson 和 Vu（2005）的方法，估算信息网络技术对我国制造业 TFP 的贡献率。结果显示，2020 年之后，信息网络技术的普及确实在一定程度上提高了我国制造业 TFP，并呈现出指数型增长态势。信息网络技术提高我国制造业 TFP 增长率从 2020 年的 2.9 个百分点上升到 2025 年的 9.1 个百分点。通过这三步的测算表明，信息网络技术对"十四五"期间中国制造业的影响较为显著，不仅能成为制造业保增长的着力点，更能提高 TFP，成为中国制造业高质量发展的"发动机"。

第五章

信息网络技术对中国工业技术创新效率的影响

> **本**章首先对信息网络技术对工业技术创新的影响机理和驱动机理进行了分析，探讨了信息网络技术影响工业技术创新的非线性和异质性效应；其次利用行业信息需求和供给能力构造了工业分行业数字化水平，采用随机前沿方法对工业行业技术创新效率进行测算，利用计量模型对工业分行业数字化对行业技术创新效率影响进行实证研究，验证了信息网络技术对技术创新正向促进和非线性传导及异质性效应；最后对不同行业数字化应用分组特征进行了归纳总结。

一、引言

进入 21 世纪以来，随着信息网络技术的快速发展，各种信息技术产品和网络服务层出不穷，与信息网络技术密切相关的 ICT（信息通信技术）产业也呈现前所未有的发展势头。信息网络技术向各行各业的渗透，促进了传统产业的转型升级；ICT 产业与第一、第二、第三产业的联系日益增多，也促进了整个国民经济的产业结构优化。

作为世界工业大国，改革开放 40 多年以来，我国工业经济总量已居世界第一，其大量工业产品总量位居世界前列，用几十年时间走完了发达国家几百年走过的工业化历程。多年来，我国经济增长对世界经济增长贡献率超过 30%，GDP 平均增长速度为 9.5%。在取得巨大成绩的同时，面对发达国家再工业化战略和快速崛起的发展中国家市场挤压，我国工业发展面临技术创新能力不足、企业盈利能力下降、要素成本上升、产能过剩问题严重、工业增长方式粗放、国际竞争面临"双端挤压"等困境。

党的十九大报告提出，"我国经济已由高速增长阶段转向高质量发展阶段，正处在转变发展方式、优化经济结构、转化增长动力的攻关期，建设现代化经济体系是跨越关口的迫切要求和我国发展的战略目标"。建设现代化经济体系、发展经济着力点得靠实体经济，工业是实体经济的主体部分，工业高质量发展是经济高质量发展的重要组成部分。

当前，世界各国正抢抓数字经济发展机遇。大力发展数字经济、加快数字经济与工业融合发展、培育新型工业制造生产模式，是促进工业高质量发展、提高工业生产效率、降低工业污染的必然选择。2013 年，德国最早提出"工业 4.0"战略。日本以机器人产业优势为基础，不断突破高精尖技术领域，实现日式"工业 4.0"转型之路。2019 年 11 月联合国工业发展组织在第二届国际进口博览会发布的《2020 年工业发展报告》显示，工业化仍是成功发展的主要途径，制造业生产所采用的先进数字化制造技术将为推动经济增长和人类福祉，以及保护环境带来巨大推动力。我国则推出"两化融合"等政策，促进传统制造向数字化、信息化、智能化转型。数字经济发展可以推动我国工业从高投入、高产出、高耗能、高污染的传统发展模式向高效率、低碳、节能模式转变。要实现工业高质量发展，就要依靠以新一代信息技术为基础的数字经济引领工业转型升级，实现工业发展方式转变，推动传统工业转型升级，培育新兴产业，提升工业经济发展质量和效益。

技术创新是推动产业转型升级的重要驱动力。新一代信息网络技术的逐步扩散、渗透，以及其与实体经济的深度融合，催生出更多的技术创新。这些技术创新的产生，不仅改变了人们的生产生活方式，而且给提升社会劳动生产率、降低劳动成本、推动传统产业转型升级等方面带来了深远影响。近些年来，我国在推动技术创新并以此促进产业转型升级方面取得了长足进步，新技术、新产业对经济增长的贡献率不断提高。

本章将从信息网络技术对工业部门技术创新驱动机理出发，探讨 ICT 影响工业技术创新非线性和异质性效应，利用行业信息需求和供给能力构造工业分行业数字化水平指数，利用随机前沿方法（SFA）对工业行业技术创新效率进行实证研究，验证 ICT 对工业技术创新正向促进和非线性及异质性效应，并总结不同行业数字化应用分组特征。

二、影响机理与传导机制

(一) ICT 对传统工业制造业发展影响机理分析

ICT 对传统工业制造业高质量发展的影响，主要体现在替代效应、渗透效应、创新效应和产业关联效应四个方面。

1. 替代效应

信息网络技术很大程度上能替代劳动、资本等传统生产要素，成为经济发展的新型驱动力。由于摩尔定律存在，ICT 产品相对价格持续大幅下降，可以替代其他资本和人力投入。信息网络技术能提升生产设备自动化水平，大数据、云计算技术等逐渐起辅助决策作用，减少对普通劳动力和管理人员的需求，提升了劳动生产效率和管理效率。2010 年以后，移动互联网等新一代信息通信技术快速发展，ICT 产业和产品影响力广泛渗透和应用，全社会推广大量投资各种 ICT 产品。蔡跃洲等（2016）显示，ICT 资本在资本存量中的占比逐年上升，2000~2005 年，ICT 资本对经济增长贡献进一步增加，平均贡献为 8.5%，且随着移动互联技术的广泛应用，2010~2012 年对经济增长贡献接近 10%。

2. 渗透效应

信息网络技术具有通用性和渗透性特点，可以普遍用于工业制造业各领域，来提高生产与研发部门协同和生产要素协同。由于 ICT 企业和传统工业企业间存在一定技术势能差，传统工业的信息网络技术水平大多比较低，而 ICT 产业技术水平高且具有技术溢出能力，所以传统行业可以吸收来自 ICT 产业的先进技术，来加速自身资本和技术知识方面的积累，从整体上实现传统工业的技术进步。

ICT 产业发展对传统工业技术溢出途径基于三方面（见表 5-1）：一是依托企业核心研发 R&D 投入，在技术研发过程中产生技术溢出；二是基于人力资本的技术溢出；三是物化在流动产品中的技术溢出。

表 5-1 ICT 技术溢出途径

ICT 技术溢出途径	主要载体	实现渠道
基于 R&D 投入	R&D 资本	技术创新
基于人力资本	人力资本	培训交流
基于产品流动	商品贸易	技术获取升级

资料来源：笔者整理。

3. 创新效应

ICT 产业是技术和人才密集型产业，创新活力最丰富，是整体经济增长的主要推动力。ICT 产业技术发展为其他产业提供追赶和超越的条件，信息网络技术不断促使企业推出新产品、开拓新的竞争领域和利润来源，以智能化为代表的"工业 4.0"发展，其智能化和创新性将带来传统制造业的深度变革。同时，ICT 产业创新会促使传统工业制造业企业产生匹配组织活动结构适应信息网络技术的发展，形成一定的商业模式组织资源，形成更合理的分工结构，从而促使传统工业企业产生更高效率的组织形式和组织结构，创新分工方式，促使产业高质量发展。

4. 产业关联效应

产业关联融合是 ICT 产业发展的高级阶段，也是其关联性产业纵深发展的产物。新兴技术、新兴生产模式与组织方式相继产生，ICT 产业自身具有广泛的适应性和互补性，将新技术、新业态与其他产业在创新发展中相互补充促进，实现各行业渐进发展，推动关联产业结构体系随之做出适应性调整升级。ICT 产业发展促进产业之间的关联融合发展有三种：一是打破产业边界，促进产业延伸融合；二是依靠创新性和渗透性加速传统关联行业融合，形成新模式新业态，促进产业结构调整；三是加快产业链上下游产业融合速度，形成新的生产门类和部门，增加产业层次。

(二) 信息网络技术对工业技术创新传导机制

1. 信息网络技术对工业部门技术创新非线性传导机制

一般来说，工业部门的技术进步来源于基础创新技术的普遍使用，其与其他要素优化组合，提高了创新能力。技术创新快速发展时期，企业有较强意愿使用新技术、新方法来满足生产新产品、新服务的需求。但信息网络技术对企业技术创新驱动并非简单线性关系，是倒 U 形关系，这是由于：

（1）信息网络技术向前关联溢出倒 U 形传导机制。工业应用部门使用信息网络技术初期，比较优势明显，这将推动工业应用部门持续应用；当应用到达顶峰时，边际溢出效应为零，工业应用部门则缺乏动力继续推动应用，导致信息网络技术对工业应用部门边际溢出效应递减。

（2）信息网络技术向后关联溢出倒 U 形传导机制。不断加大信息网络技术在应用部门的使用，研发生产部门不断提高数字化、信息化水平，开发新技术和新产品，但当信息网络技术供给到达顶端后，持续增加信息网络技术不再增加投资效用，则研发生产部门信息网络技术应用对技术创新影响的边际溢出效应递减。

（3）研发与应用部门互动溢出倒 U 形传导机制。研发部门与应用部门联动加大信息网络技术的不断更新和提升，但当数字化提升到一定门槛时，对两部门双方创新溢出的回报增长下降，则循环互动导致两部门倒 U 形传导机制形成。

2. 信息网络技术对工业部门技术创新异质传导机制

工业制造业不同行业、不同企业的劳动力熟练程度、技术渗透程度和组织形式有所不同，会造成信息网络技术溢出效果、渗透效果不同，行业的发展阶段、政策实施也会影响信息网络技术应用效果，企业规模与技术创新效率有显著正向关系（周立群，2009），不同工业行业技术创新阶段的作用效果也不同（陈修德，2010），信息网络技术对工业和行业技术创新效率存在异质传导机制，从其他方面分析：①从技术密度来看，不同行业技术密度不同，则信息网络技术和产品复杂度、创新难度和行业技术路线选择产生不同，导致信息网络技术在不同技术密度行业存在异质性；②从环境污染程度来看，不同行业的污染处理技术、技能减排水平、绿色技术使用上存在较大差异，导致行业企业在选择数字化、信息化技术上有所不同，导致数字化、信息化对技术创新影响产生环境异质效应；③从盈利能力来看，企业的追逐盈利动机会影响对数字化、信息化投资强度和应用阶段，存在数字化、信息化进程不均衡状况，产生盈利异质传导效应。

三、信息网络技术对工业行业技术创新效率实证分析

一般来说，效率评价的方法主要有两种：一种是非参数的 DEA 方法，

另一种是 SFA 方法。这两种方法各有优势与劣势，DEA 方法能实现多投入和多产出的效率测算，SFA 方法能分析 DEA 方法不能解决的随机误差问题。为了衡量信息网络技术对工业行业技术创新的影响，本章构造了一个综合指数——数字化水平，来反映各行业信息网络技术发展水平，并以此作为其中一个变量纳入 SFA 中，试图分析信息网络技术对工业行业技术创新效率的影响。

（一）工业制造业行业数字化水平测度

目前，国内关于数字化水平测度较少涉及工业制造业行业层面，郑伟平（2001）对区域经济信息化水平进行比较研究；胡晓鹏（2003）对地区信息化发展水平进行分类；陈向东（1999）运用主成分分析方法对我国机械工业分行业产业数字化水平进行实证分析；柳清瑞等（2003）对机械工业 6 个分行业数字化进行研究。概括来说，上述研究不足之处为：一是未突出信息产生和信息需求两大因素的相对发展；二是缺乏工业整体行业层面的研究。

行业数字化是指，在中观层面上，各行业利用信息网络技术改善行业生产管理水平，高效开发信息资源，将信息网络技术渗透到行业经济活动各方面和各环节。结合信息网络技术特点和中国工业制造业行业特征，参照波特拉的信息经济学原理和何伟等做法，借鉴樊纲等处理中国市场化指数的做法，本章认为：工业制造业数字化水平包括信息生产和消费两方面内容，可以基于行业信息提供能力和信息需求水平，综合度量行业数字化水平。

行业信息提供能力包括：①行业数字技术装备水平。表示工业行业中的信息网络技术装备形式，包括直接应用大、中、小型计算机和微型机通用信息技术装备、数控设备、加工中心等数字和程序化电子设备、智能化设备等，在一定程度上反映了数字化、信息化技术装备的作用。由于指标难以获取，因此以行业中大型企业微电子控制经费表示。②行业人力资源密度。表示人力资源越多、劳动生产率越高、中大型企业越多，行业提供信息量水平越高。③行业科技创新实力。表示行业创新实力越强，提供信息水平越高。

行业信息需求能力包括：①行业管理资源及效益水平。表示行业管理资源越丰富，效益水平越高，则对相关信息需求水平越高，数字化需求能力越高。②行业规模水平。表示行业总体资产水平越高，市场效益、销售水平越高，则信息需求水平越高，对数字化需求水平越高。

中国工业行业数字化水平测度指标体系具体如图5-1所示。

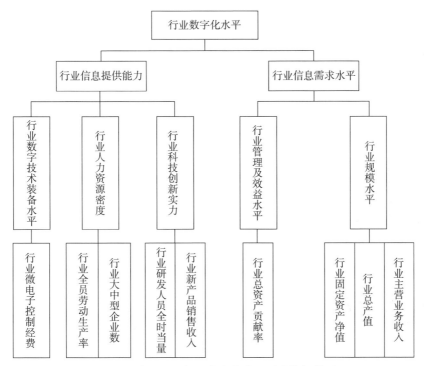

图5-1　中国工业行业数字化水平测度指标体系

资料来源：笔者绘制。

中国工业部门分行业数字化水平指标的所有数据来源于历年《中国统计年鉴》《中国科技统计年鉴》《中国工业经济统计年鉴》。本书采用因子分析浓缩处理数据，构造行业数字化发展水平。本章对原始数据进行了标准化处理，全部数据进行 KMO 和 Bartlett 球形检验，结果为 KMO 值（0.789）接近于1，Bartlett 球形检验以 0.000 显著性拒绝了原假设，说明适合做因子分析。本书从主成分累积方差贡献率及碎石图确定两个因子，并计算综合因子得分，将其转换为在区间［0，1］取值。

工业各行业数字化水平标准化处理结果如表5-2所示。由表5-2可知，中国工业行业中平均数字化指数处于前三位的行业为通信设备、计算机及其他，交通运输及设备制造业，电气机械及器材制造业，这些行业有较高的技术密集型特征，由于在早期发展中积累了丰富资本和技术优势，表现出较高的数字化水平。处于后三位的行业分别是非金属矿采选业、工艺品及其他制造业和木材加工行业，这些行业具有较低的技术门槛，对于信息网络技术供给和需求有限，表现出较低的数字化水平。从数字化变化趋势来看，行业数字化整体水平提升较快，从 2008 年的 0.105 上升到 2017 年的 0.276，增长了 163%，其中，电气机械及器材制造业行业增长最快，达到 165%；有色金属矿采选业增长最慢；所有行业均表现出不同程度的增长态势。

表 5-2   中国工业部门分行业数字化水平指数

工业分类	行业编号	2008 年	2012 年	2017 年	均值
煤炭开采和洗选业	H1	0.125	0.244	0.269	0.239
石油和天然气开采业	H2	0.174	0.176	0.194	0.190
黑色金属矿采选业	H3	0.045	0.065	0.073	0.067
有色金属矿采选业	H4	0.074	0.075	0.080	0.077
非金属矿采选业	H5	0.034	0.044	0.037	0.045
农副食品加工业	H6	0.093	0.178	0.305	0.201
食品制造业	H7	0.071	0.123	0.193	0.135
饮料制造业	H8	0.077	0.121	0.284	0.155
烟草制品业	H9	0.191	0.278	0.222	0.265
纺织业	H10	0.169	0.252	0.317	0.253
纺织服装、鞋、帽制造业	H11	0.086	0.133	0.254	0.175
皮革及其制品业	H12	0.069	0.115	0.175	0.128
木材加工	H13	0.036	0.060	0.084	0.065
家具制造业	H14	0.040	0.060	0.079	0.065
造纸及纸制品业	H15	0.060	0.091	0.135	0.095
印刷业和记录媒介的复制	H16	0.040	0.058	0.085	0.062
文教体育用品制造业	H17	0.038	0.054	0.166	0.087
石油加工、炼焦及核燃料加工业	H18	0.101	0.221	0.216	0.198
化学原料及化学制品制造业	H19	0.151	0.310	0.558	0.358
医药制造业	H20	0.078	0.168	0.290	0.196
化学纤维制造业	H21	0.040	0.076	0.104	0.074

工业分类	行业编号	2008 年	2012 年	2017 年	均值
非金属矿物制品业	H22	0.113	0.208	0.324	0.234
黑色金属冶炼及压延加工业	H23	0.190	0.363	0.399	0.352
有色金属冶炼及压延加工业	H24	0.109	0.186	0.355	0.222
金属制品业	H25	0.081	0.149	0.286	0.182
通用设备制造业	H26	0.132	0.297	0.439	0.310
专用设备制造业	H27	0.093	0.233	0.384	0.256
交通运输设备制造业	H28	0.203	0.578	0.633	0.473
电气机械及器材制造业	H29	0.170	0.434	0.683	0.451
通信设备、计算机及其他	H30	0.288	0.702	0.960	0.704
仪器仪表及文化、办公用品业	H31	0.056	0.107	0.150	0.113
工艺品及其他制造业	H32	0.044	0.069	0.029	0.046
电力、热力的生产和供应业	H33	0.177	0.240	0.277	0.244
均值	—	0.105	0.196	0.276	0.204

资料来源：笔者整理。

(二) 信息网络技术对工业部门技术创新效率的影响

1. 计量模型

本章采用随机前沿方法（SFA），研究中国工业制造业部门中信息网络技术创新溢出效应。SFA 方法将生产率变化分解为生产可能性边界移动和技术效率的变化，将生产函数中的随机干扰项分为"随机误差项"和"技术无效率项"，能够细致和准确地描绘现实经济情况。Battese 和 Coelli（1992）设定模型如式（5-1）所示：

$$Y_{it} = \beta_i X_{it} + (V_{it} - \mu_{it})$$
$$\mu_{it} = \delta_i Z_{it} + w_{it} \tag{5-1}$$

根据 Battese 和 Coelli 模型，构建模型如式（5-2）、式（5-3）、式（5-4）所示：

$$\ln Y_{it} = \beta_0 + \beta_1 \ln K_{it} + \beta_2 \ln L_{it} + \beta_3 (\ln K_{it})^2 + \beta_4 (\ln L_{it})^2 + \beta_5 (\ln K_{it} \times \ln L_{it}) + v_{it} - u_{it} \tag{5-2}$$

$$TE_{it} = \exp\ (-\mu_{it}) \tag{5-3}$$

$$\mu_{it} = \delta_0 + \delta_1 D_{it} + \delta_2 D_{it}^2 + \delta_3 D_{it} \times dum_{it} + \delta_j X_{it} \tag{5-4}$$

根据式（5-1）第一部分，本章将技术创新投入和产出活动以超对数形式刻画为式（5-2），主要由于超对数模型相比于传统 C-D 模型可以突破技术中型、投入产出弹性固定等苛刻设定，更好地拟合实际经济情况。根据式（5-1）第二部分，本章将技术非效率项建模刻画为式（5-4），本章研究的数字化因素对技术创新效率影响，参考已有研究，我们对行业规模、竞争程度、所有制结构等进行了控制，控制变量为 X_{it}。式（5-2）中，Y_{it} 表示工业行业的技术创新产出，L_{it} 和 K_{it} 分别代表行业技术创新的人力投入和资本投入，i 表示行业，t 表示时期。误差项 ε_{it} 由 V_{it} 和 μ_{it} 独立部分组成，V_{it} 和 μ_{it} 互相独立，V_{it} 服从 $N(0,\ \sigma_v^2)$，为"随机误差项"，表示技术创新活动中外部影响因素和其他数据统计误差；μ_{it} 为"技术非效率项"，本章参照 Battese 和 Coelli（1992）的设定，μ_{it} 服从非负断尾正态分布，服从 $N(D_{it},\ \sigma_u^2)$，是技术无效率项，它越大，则表明技术效率程度越低，反映作用于 i 行业 t 时期的随机因素。在控制企业规模、资金收入等控制变量 X_{it} 的基础上，引入数字化水平的平方项 D_{it}^2 来观测倒 U 形曲线存在；引入信息化与行业特征 dum 交叉项观察异质效应存在。TE_{it} 表示样本中行业 i 在 t 年度的技术创新效率水平，用 e^{-uit} 表示，当 $TE_{it}=1$ 时，行业 i 处于技术有效状态。

2. 变量设定与数据说明

由于相关统计年鉴的数据可获得性和工业行业不同分类，考虑行业口径一致性，本章以 2008~2017 年为研究时段，选取我国工业 33 个细分行业作为研究样本（其他采矿业、橡胶行业、塑料行业、废弃资源和废旧材料行业等因数据缺失，予以剔除）。本章分别从技术密度、平均规模和污染程度三个维度对行业进行划分。

3. 模型变量说明与数据来源

本章采用行业面板数据分析，由于相关统计报告对于行业统计数据只报告"大中型工业企业"的数据，本章所有变量采用"大中型工业企业"标准。本章采用《中国科技统计年鉴》工业行业分类标准，剔除相关行业后共 33 个行业。

（1）产出变量。研究技术创新效率的核心是确定技术创新投入和产出的代理变量，本章选取专利申请数目作为衡量创新过程的产出指标，专利数目与 R&D 高度相关，能客观反映行业技术创新能力的可靠指标。考虑到技术创新的全面成果，选择"大中型工业企业"的"新产品销售收入"作为新技术被市场接受程度的技术创新成果进行度量，以市场化为最终导向。两组指标数据都来源于《中国工业企业科技统计年鉴》。

（2）投入变量。对于创新人力投入，选取大中型工业企业科研人员的数量作为衡量技术创新人力投入指标。对于创新资本投入指标，当前对于 R&D 资本折旧率选取和资本存量计算有分歧，影响测算精度，因此本章选取 R&D 经费支出作为衡量技术创新的资本投入指标，数据来源于《中国工业企业科技统计年鉴》。

（3）核心解释变量。D_{it} 表示行业 i 在 t 年度的数字化指标，$D_{it} \times dum$ 表示数字化对技术创新效率的异质性影响，dum 为反映行业特征的虚拟变量，定义如下：①zbh 为技术密度，若行业 i 为高技术行业，取值为 0；若为中低技术行业，则取值为 1。②aws 为平均规模，若行业 i 为大规模行业，取值为 1；若为中低规模行业，则取值为 0。③enp 为污染程度，若行业 i 为高污染行业，取值为 1；若为中低污染行业，则取值为 0。

（4）控制变量。为了得到无偏统计结果，需对影响技术创新效率因素进行控制，本章主要考虑了如下五个方面的因素：企业规模、市场化水平、外商投资、技术模仿和行业平均经营绩效。

关于企业规模，平均规模（lnfirm）采用大中型工业企业分行业的工业总产值与大中型工业企业数量之比衡量，工业总产值考虑每年价格折旧。关于市场化水平（market），以工业行业非国有企业职工总人数与行业总人数之比衡量，作为市场化导致的创新溢出因素。关于外商投资，由于外资投资潜在溢出效应和竞争压力能驱动内资企业技术创新，同时外资可能冲击内资企业，降低内资企业规模和利润抑制创新，因此从实证角度分析外商投资与技术创新效率关系，采用行业内部三资企业工业总产值占大中型工业企业产值之比反映 fdi。关于技术模仿，企业吸收先进技术后，模仿创新成为企业创新发展主要途径，用大中型企业技术改造经费占新产品产值衡量 teti。关于行业平均经营绩效（captial）以工业分行业大中型工业企业利润与成本费用比值衡量。以上指标都来自《中国工业企业科技统计年鉴》《中国工业统计年鉴》和《中国统计年鉴》。表 5-3 为主要变量的描述性统计。

表5-3　变量描述性统计

	样本量	均值	标准差	最小值	最大值
D	330	0.204	0.168	0.017	0.961
lnfirm	330	4.331	0.713	0.432	6.138
market	330	0.651	0.288	0.102	0.996
fdi	330	0.446	0.305	0.213	0.810
teti	330	0.201	0.075	0.002	10.182
capital	330	0.085	0.063	0.015	0.486

资料来源：笔者整理。

4. 总体平均技术创新效率表现

首先检验超越对数生产函数模型的适宜性，建立原假设 H_0 模型中的系数 β_3、β_4、β_5 都为0，采用广义似然率统计量检验原假设是否成立，广义似然率为式（5-5）：

$$\lambda = -2\ln\left[L(H_0) - L(H_1)\right] \qquad (5-5)$$

其中，$L(H_0)$、$L(H_1)$ 分别是随机前沿模型在原假设 H_0 和备择假设 H_1 下的似然函数值，若原假设 H_0 被拒绝，则相比于柯布—道格拉斯函数，说明样本数据更适合采用超越对数生产函数形式。测算结果显示，由于广义似然率结果高于10%显著水平下的卡方分布临界值，有理由拒绝，因此超越对数生产函数形式更适用。

本章采用Frontier 4.1软件对各行业技术创新效率进行测定，其中，总体平均创新效率如表5-4所示。

表5-4　不同产出的技术创新效率描述

年份	以专利申请数目为产出	以新产品销售收入为产出
2008	0.117	0.528
2009	0.115	0.535
2010	0.149	0.541
2011	0.186	0.548
2012	0.228	0.555
2013	0.273	0.561
2014	0.321	0.568

年份	以专利申请数目为产出	以新产品销售收入为产出
2015	0.369	0.574
2016	0.418	0.580
2017	0.466	0.587
平均	0.311	0.557

资料来源：笔者整理。

从表5-4结果可以看到，以专利申请数目作为技术创新产出的技术创新效率平均水平为0.311；以新产品销售收入为技术创新产出的技术创新效率平均水平为0.557；在2017年达到最高0.587，两者都基本处于上升水平。分析结果证明，市场化导向的技术创新活动的创新效率高于非市场化导向的技术创新活动的创新效率，但距离前沿位置都还有40%以上的缺口，提升空间还很大，总体技术创新效率仍然偏低。

四、信息网络技术对工业技术创新效率影响效应和异质性分析

（一）对技术创新效率影响效应分析

表5-5中，模型1、模型2为专利申请数为产出模型，模型3、模型4为新产品销售收入为产出模型，模型1、模型3为未加入控制变量的模型，模型2、模型4加入控制变量后数字化变量数值改变，符号未发生变化，而且数字化系数高度显著，表明回归结果可靠性较高，数字化水平提高对于中国工业部门技术创新效率有显著促进作用，且这种影响远大于外商投资、市场化水平、企业规模等影响。加入控制变量后，数字化对技术创新效率的促进作用还有一定提升，证明其他因素共同作用有利于强化数字化的创新溢出作用。这是由于：一是信息网络技术改善了创新活动技术水平和管理效率，缩短了技术研发周期；二是数字化关联作用不仅促进了高技术产业发展，更刺激了其他产业改造升级；三是数字化促进工业行业知识信息积累和技术进步，降低了企业创新活动的风险，成为中国工业部门技术创新效率水平提升的持续动力。计量模型估计结果如表5-5所示。

表5-5 不同产出的数字化影响技术创新效率实证分析结果

	以专利申请数为产出	以专利申请数为产出	以新产品销售收入为产出	以新产品销售收入为产出
	模型1	模型2	模型3	模型4
C	1.244 *** (32.05)	1.172 *** (14.34)	0.619 *** (76.86)	0.404 *** (28.69)
D	−4.522 *** (−12.68)	−6.684 *** (−9.27)	−0.286 *** (−5.91)	−0.332 *** (−3.24)
D^2		5.618 *** (6.55)		0.278 *** (4.48)
firm		−0.035 *** (−6.52)		−0.003 *** (−4.26)
market		−1.087 *** (−5.82)		−0.104 *** (−3.91)
fdi		1.032 *** (6.44)		0.116 *** (5.08)
teti		0.093 *** (3.27)		0.023 *** (4.08)
capital		7.649 *** (9.92)		1.510 *** (13.79)
R^2	0.7252	0.7233	0.7743	0.7835
样本数	330	330	330	330

注：*、**、***分别表示在10%、5%、1%的水平下显著，括号内为t统计量。
资料来源：笔者整理。

数字化水平的一次项和二次项系数不同，分别为负和正，且都在统计上显著，验证了随着数字化在工业部门水平加强，对部门技术创新效率水平提升产生"先提高后降低"的倒U形关系，拐点之前数字化对工业部门技术创新效率促进效应逐渐递增，拐点之后促进效应缓慢递减。模型2、模型4分别计算的拐点为0.595和0.597，当数字化水平到达拐点之前，都在不断增长。而2017年各部门数字化平均水平仅为0.276，高于拐点的行业仅有交通运输设备制造业，电气机械及器材制造业和通信设备、计算机及其他这三个行业，其他30个行业均未达到拐点水平，其中，多个行业数字化水平很低，29个细分行业2017年的数字化水平都在0.5以下，行业差距明显。因此，中国工业部门应继续加强信息网络技术推广应用，以便于发挥促进技术创新的积极作用。

通过对多个控制变量的分析，得出结论如下：第一，工业各部门企业规模对技术创新效率影响有促进作用，较大的企业规模更有利于企业开展数字化建设，改善企业技术创新效率。第二，工业各行业市场化水平提高加剧了市场竞争程度，激励企业增强自身技术创新实力，企业更有动力使用信息网络技术促进市场化水平提高，进而促进技术创新效率提高。第三，外商投资降低了技术创新效率，证明目前工业领域外商进入挤占市场，压制了其他企业生产规模和生产水平，冲击内资企业，降低内资企业规模和利润抑制创新，从而抑制了内资企业的技术创新。第四，技术模仿对技术创新效率也产生抑制作用，说明目前工业企业对于先进技术引进还处于模仿使用阶段，未有效吸收产生自我创新，抑制了企业自身技术创新能力发展。第五，工业部门平均经营绩效的提升并未有利于技术创新效率提升，企业利润率的提高可能源于市场缺乏竞争或产品具有垄断性质，从而会扼杀企业进一步创新的动力。

（二）对技术创新效率异质影响分析

通过计算工业各行业数字化水平和技术创新效率的变异系数可以看到，数字化水平变异系数由 2008 年的 0.77 降至 2017 年的 0.64，而产出为专利申请数目的技术创新效率的变异系数则由 2008 年的 0.77 降至 2017 年的 0.24，产出为新产品销售收入的技术创新效率的变异系数则由 2008 年的 0.46 降至 2017 年的 0.40，说明随着中国工业的发展，工业部门数字化水平和技术创新效率的行业差异在减小。通过对行业数字化水平和技术创新效率平均值做聚类分析，可将数字化与技术创新效率融合模式分为如表 5-6 所示的四类。

表 5-6　不同行业融合模式分类

融合模式	行业分类	行业占比（%）
高数字化、高创新	交通运输设备制造业、电气机械器材制造业、通信设备计算机和其他	9.1
低数字化、高创新	食品制造业、纺织业、纺织服装鞋帽制造业、皮革业、家具制造业、石油加工炼焦核燃料加工业、医药制造业、化学纤维制造业、金属制品业、仪器仪表及文化办公用品业、通用设备制造业、专用设备制造业	36.4

融合模式	行业分类	行业占比（%）
高数字化、低创新	煤炭开采和洗选业、农副食品加工业、烟草制品业、化学原料及化学制品制造业、非金属矿物制品业、电力热力的生产和供应业	18.2
低数字化、低创新	石油和天然气开采业、黑色金属矿采选业、有色金属矿采选业、非金属矿采选业、饮料制造业、木材加工、造纸及纸制品业、印刷业和记录媒介的复制、文教体育用品制造业、黑色金属冶炼及压延加工业、有色金属冶炼及压延加工业、工艺品及其他制造业	36.4

资料来源：笔者整理。

其中，电气机械器材制造业等3个细分行业呈现"高数字化、高创新"有效融合，占比9.1%；食品制造业等12个细分行业呈现"低数字化、高创新"特征，说明有较高的创新效率，但数字化使用偏少，需加快行业数字化建设；煤炭开采和洗选业等6个细分行业呈现"高数字化、低创新"特征，说明已经使用大量信息网络技术和设备，但需加强管理和制度创新，提高创新溢出水平；石油和天然气开采业等12个细分行业呈现"低数字化、低创新"特征，说明数字化建设滞后且技术创新效率有待提高。总体来讲，中国工业部门数字化与技术创新融合程度不高，有待进一步提升。

模型5~模型7为在以专利申请数目为产出的技术创新效率模型中，依次加入技术要素程度、平均规模水平、污染程度等虚拟变量交叉项的回归结果，模型8为加入所有交叉项的回归结果，这些模型均在1%水平以下显著，交叉项通过了1%水平以下的显著性检验，说明数字化对技术创新效率的异质促进效应明显，且所有控制变量的回归结果无明显变化（见表5-7）。

表5-7　不同产出加入交叉项表数字化影响技术创新效率实证分析结果

	模型5	模型6	模型7	模型8
C	1.678*** （14.86）	1.552*** （14.41）	1.464*** （13.82）	1.565*** （14.55）
D	−5.574*** （−9.75）	−5.507*** （−9.99）	−5.346*** （−10.23）	−5.262*** （−8.22）
D^2	3.643*** （4.79）	3.861*** （7.69）	3.143*** （4.19）	3.492*** （3.65）

续表

	模型 5	模型 6	模型 7	模型 8
D×zbh	−2.343 ***			−2.458 ***
	(3.54)			(−3.39)
D×avs		0.232 ***		0.586 ***
		(3.82)		(3.44)
D×pol			1.655 ***	1.784 ***
			(4.27)	(3.57)
firm	−0.031 ***	−0.030 ***	−0.038 ***	−0.029 ***
	(−6.33)	(−5.77)	(−6.49)	(−5.70)
market	−1.071 ***	−1.064 ***	−1.057 ***	−1.033 ***
	(−5.82)	(−5.52)	(−5.82)	(−5.43)
fdi	0.921 ***	1.169 ***	1.174 ***	1.113 ***
	(5.73)	(7.28)	(7.38)	(6.95)
teti	0.082 ***	0.099 ***	0.081 *	0.078 ***
	(3.13)	(3.48)	(2.03)	(4.01)
capital	7.604 ***	7.551 ***	7.206 ***	7.235 ***
	(10.01)	(10.11)	(9.53)	(9.78)
R^2	0.6806	0.6867	0.6009	0.6132
样本数	330	330	330	330

注：* 、** 、*** 分别表示在10%、5%、1%的水平下显著，括号内为 t 统计量。
资料来源：笔者整理。

1. 按要素密集分组

本章根据资源集约度产业分类方法（韩燕，2008），将 33 个工业行业分为两组，一组是资本和技术密集型行业组，包括 13 个行业，分别为文教体育用品制造业、石油加工及炼焦业、化学原料及化学制品制造业、医药制造业、化学纤维制造业、塑料制品业、黑色金属冶炼及压延加工业、有色金属冶炼及压延加工业、通用机械设备制造业、专用机械设备制造业、交通运输设备制造业、电气机械及器材制造业、电子及通信设备制造业和仪器仪表及文化办公用品业；另一组为资源和劳动密集型行业组，由其他 20 个行业组成。zbh 为技术密度虚拟变量，如果行业 i 为资本和技术密集型行业，则取值为 0；否则，取 1。

由模型 5 结果可知，数字化对工业资本技术密集型行业技术创新效率异质促进效应小于资源和劳动密集型行业，随着技术程度提高，数字化对中国工业部门技术创新效率促进作用不断下降，原因可能在于技术较低的工业部门更加有意愿和动力去使用数字化提高本部门技术效率，且数字化在中低技术行业间扩散和渗透作用处于创新生命周期成长阶段，作用更明显，而增大到一定程度后会降低。

2. 按平均规模分组

我们计算了 33 个工业行业的平均固定资产额，且根据某个行业的平均固定资产额是否大于中位数，将该行业划归为平均规模较大和较小的行业组。平均规模较大的行业有 15 个，它们是煤炭采选业、石油和天然气开采业、有色金属矿采选业、饮料制造业、烟草加工业、石油加工及炼焦业、化学原料及化学制品制造业、医药制造业、化学纤维制造业、文教体育用品制造业、黑色金属冶炼及压延加工业、有色金属冶炼及压延加工业、交通运输设备制造业、电气机械及器材制造业和通信设备计算机及其他。其余 18 个工业行业被划归为平均规模较小的行业组。avs 为规模虚拟变量，如果行业 i 为规模较大行业，则取值为 1；否则，取 0。

由模型 6 结果可知，数字化对平均规模较小的行业技术创新效率异质促进效应大于平均规模较大的行业，也就是说，规模更小的部门更有意愿和动力去使用信息网络技术来提高本部门技术效率。工业行业平均规模越大，数字化对工业行业技术创新效率的促进效应越弱。

3. 按污染分组

污染密集型行业是指行业企业生产过程中会排放大量污染物，容易对环境或关联产业带来负外部性的行业。根据 2008～2017 年平均排污强度的大小，本章将工业行业划分为污染密集型行业和清洁生产型行业。污染密集型行业包括煤炭开采洗选、非金属矿采选、黑色金属矿采选、石油天然气开采、非金属矿制品、化学纤维制造、化学原料及制品制造、有色金属冶炼、石油加工、有色金属矿采选、黑色金属冶炼、造纸及纸制品、电力生产供应、医药制造业 14 个产业，其他 19 个产业为清洁生产型行业。pol 为污染虚拟变量，如果行业 i 为污染密集型行业，则取值为 1；否则，取 0。

由模型 7 结果可知，数字化对清洁生产型行业技术创新效率异质促进效应大于污染较大的行业，也就是说，清洁型部门更加有意愿和动力去使用数字化提高本部门技术创新效率，随着部门行业污染程度加大，数字化对工业行业技术创新效率的促进作用不断减弱，表明数字化提升绿色化工业行业技术创新效率影响更有效。

为确保研究结论的可靠性，本章从两个方面进行稳健性测试：一方面是将新产品销售收入作为技术创新效率产出指标来做稳健性检验，交叉项系数分别为 -0.301、0.034、0.122，且都通过了显著性检验，结果没有明显变化，基本结论成立，加入控制变量结论仍然成立。另一方面是选取 $2009 \sim 2014$ 年六年的数据进行测试，结果通过了显著性检验，表明数字化对技术创新效率的异质影响依然存在。本章基本结论是稳健的。

数字化对中国工业部门技术创新效率具有明显促进作用，比市场化水平对技术创新效率创新影响效应更大。数字化和技术创新效率之间符合倒 U 形关系，随着数字化水平由弱变强，其对技术创新的影响呈现先提高后降低的趋势。而且，数字化对不同工业行业技术创新作用产生显著异质性影响，包括技术密度低、规模较小及污染程度低的行业中数字化对技术创新效率的促进作用更大。

五、结论

信息网络技术对工业各部门技术创新的影响，主要是通过技术研发和技术转化两个阶段进行直接内化和间接外化作用，形成工业企业自主创新动力来推动工业企业进行自主创新。通过构建综合指数指标体系发现，中国工业行业数字化指数水平差距较大，高技术密集型行业表现出更高的数字化水平，所有行业数字化表现出不同程度的增长；通过面板数据回归分析发现，信息网络技术对整体工业技术创新效率起正向促进作用，信息网络技术推动工业部门整体持续技术创新，存在倒 U 形特征，说明信息网络技术对工业技术效率的影响是先提高后降低的非线性关系；从异质效应分析来看，信息网络技术对工业资本技术密集型行业技术效率的促进作用小于资源和劳动密集型行业，对平均规模较小行业技术创新效率的影响高于规模较大行业，对清洁生产型行业技术效率的影响高于污染密集型行业。

第六章
信息网络技术驱动中国制造业转型的微观机制

自 2012 年"新工业革命"或者"第三次工业革命"的概念被提出以来，各个国家高度重视新一轮工业革命可能带来的颠覆性变革，纷纷出台了相关应对战略。八年来，人工智能、第五代移动通信技术等新技术不断创新，在线经济、智能制造等新业态不断涌现，数字经济规模不断扩大。

一、中国制造业转型面临的挑战

当前，我国信息网络技术驱动制造业转型进入了深水区，我们一方面要看到制造业数字化转型方面取得的成就，另一方面还要看到自身存在制造业数字化转型的短板，即如何利用新一代信息网络技术在更广范围、更深层次提升制造业效率。

（一）主导技术范式还未形成

历次工业革命都有一个主导的发展范式。按照产业生命周期理论，所有处于初创期的新兴行业都面临着多种竞争性的技术范式（Eggers，2014）。现在谈及新科技革命的通用目的技术，我们可以列出人工智能、3D 打印、物联网、大数据、云计算等（赵剑波、杨丹辉，2019）。李海舰（2020）认为，狭义的数字经济基础设施可以泛指包括大数据、云计算、物联网、人工智能、区块链、无人驾驶、5G 等新科技在内的"新技术群"或者技术集簇。对于新科技，我们还可以列出很多项，这也反映出一个尴尬的现实，那就是列出的新科技越多，人们感到越迷惑，究竟什么才是推动此次新科技革命的通用技术？信息网络技术驱动制造业转型的扩散效应和网络效应的表现是什么？

（二）融合基础设施仍需完善

智慧范式的形成需要两方面的支撑：一方面是智能技术本身的发展，另一方面是智能应用场景的繁荣。智慧范式极大扩展了人们对于未来经济和生活的想象力。但在制造业领域，新一代信息技术还未能大规模带动机器人及智能装备等相关产业发展，与先进制造融合发展还仅仅停留在示范应用，或者部分制造环节。此外，中国的智能感知与控制、数字化设计与制造等基础技术仍然薄弱，工业软件等基本被跨国企业垄断，中国缺少工业互联网平台和行业解决方案。总之，中国的产业应用和产业场景距离真正的智能和智慧还有一定差距，短板就在于融合基础设施建设不足。

（三）经济效率有待提升

信息网络技术驱动制造业转型的落脚点在于提升效率。在各个行业内推广智能化应用，最终目的是全面提升经济乃至社会的运行效率（赵剑波，2020）。企业关注的焦点是投资回报和创新收益，无论把数据当成关键生产要素，还是广泛采用智能化手段，都是为了提振长期萎靡不振的生产效率。决定企业是否积极拥抱"智慧范式"的根本因素是投入和产出是否成比例。在转型的初始阶段，因为未来收益并不明确，发展的动力主要依赖于产业政策驱动，可能会造成示范作用强于带动作用的困境。未来，随着信息网络技术基础设施的完善，新技术的应用成本能够进一步降低，并进一步驱动制造业转型走向深入，且广泛渗透至各个行业、各个企业、各个价值链环节，对制造业经济效率的提升将会进一步显现。

（四）创新要素供给明显不足

新一代信息网络技术创新领域的高端人才缺乏，能够理解制造业实践的人才更少，这严重制约着两者的融合发展，制约着中国制造业转型发展。此外，能够为企业提供智能化规划咨询、关键装备试验检测、网络化平台化资源共享等人才和服务能力严重不足。人才短缺造成现有的制造业数字化转型人才使用成本高昂，甚至成为实施数字化转型企业的沉重负担。创新要素的制约进而导致有的企业数字化转型战略不清晰、数字化转型能力不够、数字化转型资金不足、数字化人才储备匮乏、数字化转型保障不力等问题，表现出"不能转、不善转、不敢转、不愿转、转不动"等障碍。

二、信息网络技术驱动制造业转型的作用机制分析

信息网络技术驱动制造业转型正成为驱动中国经济发展的新动力引擎。在转型过程中，既有技术之间的相互融合、渗透、扩散，又有数据生产要素的形成，还有新产业、新模式和新业态的加速涌现。通过上述现象，我们将进一步分析信息网络技术驱动制造业转型背后的微观机制。

（一）聚变机制

新一代信息网络技术的应用能够引发产业聚变，如图6-1所示。聚变是指聚集数字经济时代的数据要素，在新科技的推动和融合作用下所产生的快速的、指数级增长现象。聚变的核心是数据，使数据成为新的生产要素，然后围绕数据就能形成"履带式"的第二曲线增长。核聚变主要依赖氢同位素，而商业聚变则使数据"积累—挖掘—应用"形成闭环，数据积累得越多、共享程度越高，带来的产品和服务就越智能化。所谓智慧商业，就是数据价值在不断的提炼、分享、应用过程中实现了智能化。

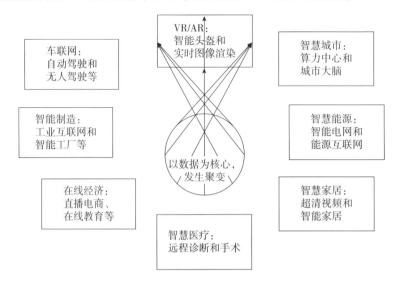

图6-1 数据驱动的产业聚变

资料来源：笔者绘制。

　　以 5G 技术为例，其技术特性能够使所有围绕大规模数据实时连接，传输的场景应运而生，如智能手机、可穿戴设备等下一代智能终端，乃至实现更多居家设备、出行设备的互联，实现更广范围的应用。5G 能够极大提升现有移动终端的用户体验，也会激发更多行业挖掘自身需求，开发新型的移动终端以满足行业需求。所有的智能终端都能够保持实时在线、保证连接云端、增强与用户的交互和体验，能够更好地实现"身临其境"、强互动、零距离。总之，强大的通信能力和高性能计算赋予智能终端更丰富的想象力和无限可能。

　　这些新科技是驱动未来产业形成的关键，因为这些新科技能够广泛应用于各个行业领域，技术本身随着应用场景的增加而不断成熟，从而会引发新的创新成果和应用。这种聚变过程使新科技能够突破本身所处的技术领域，获得广泛应用，促进商业的智能化，提升生产效率。

（二）扩散机制

　　新科技必将推动产业数字化阶段深化发展，推动经济活动呈现数字化、智能化、服务化的发展特征。在新一代信息技术的推动下，传统产业的生产方式、商业模式、产业业态、国际竞争等都在发生明显变化，最终变革全球数字化产业的竞争态势，如图 6-2 所示。

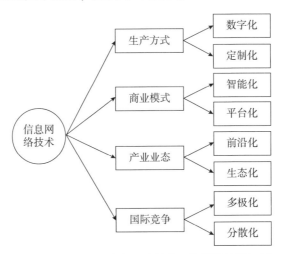

图 6-2　信息网络技术驱动制造业转型的扩散机制

资料来源：笔者绘制。

一是生产方式数字化定制化。从生产组织方式来看，在数字化浪潮的冲击下，生产组织方式由集中化、规模化、标准化转向平台化下的分布式、小微化、创客化组织方式，智能化无人工厂大量出现，企业总部组织日趋平台化，内部经营单元日益项目化、团队化，首席信息官或首席数据官的作用日益突出，在企业经营决策过程中扮演重要的角色。企业可以采用数字化/智能化单元、工厂、企业等组织形式，不断提升数字化水平，以及大规模定制的能力。随着云计算、大数据等信息技术的推进，制造业也开始越来越多地与它们相互融合，当然也为数字经济发展提供了广阔的应用空间。

二是商业模式平台化智能化。平台成为实现指数级增长最重要的组织方式，在涉及"衣食住行"的各个消费领域，都出现了巨头型的互联网企业。尤其在"住"这一事关每个人切身利益的领域，贝壳网于2020年的成功上市更是提振了传统企业实现平台化、数字化转型的信心。从链家到链家网，再到贝壳网，从数字化到平台化，再到生态化，由于采用了平台战略，企业实现了指数级增长，现在贝壳网的市值已经超过了5000亿元。在智能化方面，企业生产由以产品为主逐步转变为以数据为核心，对数据资产的深入挖掘和开发利用，可以帮助企业从中获知用户的行为模式和需求动态、产品的质量现状及改进要点、组织的内部效率和管理瓶颈、市场的微观变化及发展趋势。智能化的关键在于要让数据成为关键生产要素，应用大数据技术对零散的数据信息进行挖掘，使整个企业的经营系统越来越智能、越来越高效。

三是产业业态前沿化生态化。产业形态具有时代性，在不同的发展时代，由于制度条件、技术条件、贸易条件的不同，主流的产业形态会呈现不同的特征。新科技的应用是丰富产业业态的有效手段。根据不同的场景需求，人工智能、物联网、大数据、区块链等核心技术，组成了行业应用"工具箱"，来孕育新产品、新业态，探索新模式、新路径。从工业经济到数字经济时代，整个商业逻辑在发生深刻变化。企业必须顺应时代的发展要求，创新价值创造方式，适应新模式新业态的变化。在数字经济时代，企业不断探索基于数据的产业生态圈、产业链共享平台、C2M等新模式，在此基础上为生产组织的全过程优化提供决策支持等增值服务。共享经济、社群经济、云经济都是数字经济时代的引领性产业业态。

四是国际竞争多极化分散化。核心技术和底层技术是新工业革命发生的关键，各国对此高度重视。各个国家抓紧布局前沿技术，美国自 2019 年开始布局 AI、量子信息和 5G 技术，我国于 2020 年开始部署"新基建"，德国《国家工业战略 2030》则把人工智能技术视为"基础创新"，此外还有纳米和生物技术、新材料、轻量化技术等，各国产业布局走向最前沿。新科技与传统产业的融合发展带来新的治理理念和新的技术规则，围绕新技术标准、主导设计、认证认可等技术服务和贸易规则的竞争日益凸显。在人工智能、工业互联网、智能制造等领域，现有的标准和规则呈现碎片化状态、包容性不够，需要各个国家围绕数字化转型议题，重构全球贸易的相关标准和准则。

(三) 跃迁机制

科技革命意味着技术轨道的"跃迁"。技术轨道是指在既定技术范式约束下的技术演化路径。技术创新分为持续性创新和颠覆性创新，持续性创新就是沿着既定的技术轨道前进。而颠覆性创新则意味着"变轨"，技术范式和技术轨道可能同时发生改变，存在不确定性。在颠覆性创新范式下，新技术会在完全不同的技术轨道上出现，并呈现更高的效率。例如，电话替代电报、液晶显示器（Liquid Crystal Display，LCD）替代显像管显示器（Cathode Ray Tube，CRT）、智能手机代替数字手机等，新技术实现的功能相同但技术性能差异巨大。新技术一定比旧技术具有更高的性能，才会产生替代威胁。颠覆性技术具有异轨性，相对于在位技术处于不同的技术轨道；具有覆盖性，能够满足与在位技术相同的市场需求；具有创造性，还能满足那些未被满足的潜在需求；具有替代性，能够在满足用户需求方面取代在位技术。这是技术变轨的主要特征。

如图 6-3 所示，然而，在变轨过程中，新技术有一个商业化应用的过程，这一过程充满了不确定性。例如，新的显示技术领域就存在等离子和 LCD 两种竞争性技术，当然最终是 LCD 技术成为主导技术。"变轨"就意味着知识缺口，企业面临一个陌生的科技领域，面对新兴的颠覆性技术，任何企业在推动技术商业化方面都存在着经验不足、能力短板和知识缺口。知识缺口主要表现在知识缺失、难以获取、共享不足，如何有效进行知识组织与管理，已成为企业能否突破产业化瓶颈进而获取持续竞争优势的关键。

中国市场规模庞大，民众乐于接受新事物。随着越来越多的新技术在

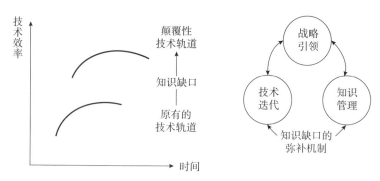

图 6-3　技术轨道跃迁产生知识缺口

资料来源：笔者绘制。

中国市场首次得到应用，中国企业面临的知识缺口会越来越多。弥补知识缺口的方法是通过"干中学"获取新知识，在这一过程中，战略选择、范式迭代、知识管理是关键。在战略选择方面，企业需要明确采取引领还是跟随战略。尤其对于新兴技术，要敢于采用引领策略。在范式迭代方面，要通过"边干边学"来协调和倒逼新技术范式及主导设计的定型和固化。通过实施设计迭代，实现新技术方案的固化，技术轨道逐渐被塑造出来。在知识管理方面，构建相应的知识管理体系，通过"干中学"获得关键的隐性知识，并不断将个体知识上升为组织知识，通过工具化的方式，在企业内部推动组织知识的扩散与共享。通过战略引领、设计迭代、知识管理等方式，探索出一个弥补知识缺口的良性机制，并在新的技术轨道上塑造出新的知识基础和技术能力。

三、推动中国制造业数字化转型的举措

按照"低垂之果"的类比分析，中国制造业数字化转型取得了一定的成绩，但是随着数字经济加速发展和数字化转型进入"深水区"，信息网络技术在驱动制造业转型走向深化过程中，需要进一步发挥数据要素驱动的作用，同时还应坚持底层技术推动、创新平台拉动、产业融合联动等措施。

（一）数据要素驱动

既然数据已经成为关键生产要素，那么数据资源必须加速汇集，并将

底层算力打造成核心竞争力。一是推进数据要素加速汇聚。破除"大数据无用论"现象，在加速数据收集和累积的同时，广泛开展数据价值的挖掘活动，培育基于大数据分析的新兴商业模式和业态。二是提升数据计算和处理能力。信息存储、传输和处理能力成为决定智慧经济成熟度和应用效果的关键因素，数据计算和处理能力成为企业的核心竞争力。应通过建立高效能运算中心，加快高效能运算前沿技术突破，促进既有数据运算能力转化为商业应用和公共服务。三是优化数据中心布局。当前，各个互联网巨头纷纷利用信息网络技术的机会，发力布局数据中心。要优化数据中心布局，同时还要引导算力的升级。数据中心建设不是简单的规模化复制，一定要与新科技新应用相结合，才能形成算力并挖掘数据价值，真正打造出超级数据中心。

（二）底层技术推动

一是实现场景引领。场景应用创新离不开信息网络技术的支撑。信息网络技术与各个智能应用结合起来，协调推进，为智慧场景创新提供应用场所和市场支撑。在培育新科技应用环境方面，要积极推动信息基础设施、融合基础设施、创新基础设施的发展，依靠信息网络技术带动形成"新基建+新经济+新智慧"的局面。二是推动技术协同。智慧经济范式及应用场景的演进或重塑并非单一技术所能实现，而需要第五代移动通信技术及其他多项新科技合力完成。在信息网络技术集簇中，第五代移动通信技术的关键作用在于确保各种技术所驱动的应用能够有机、高效地整合在一起，并使它们发挥出更加完整且智能化的作用。此外，在众多的新一代信息技术中，人工智能技术是重中之重。德国政府更是将人工智能技术看作蒸汽机以来人类最重要的基础性创新。因此，应积极推进以第五代移动通信技术、物联网、工业互联网为代表的通信网络基础设施，以人工智能、云计算、区块链等为代表的新技术基础设施，以数据中心、智能计算中心为代表的算力基础设施建设，形成新科技相互促进、协同发展的局面。三是强化技术攻关。智能应用和智慧经济需要关键装备、共性技术的支撑，例如，智能汽车、智能手机等，芯片、传感器等核心零部件必不可少，数据格式、算法和硬件体系结构也亟待突破。云计算、云储存、新材料等是智慧经济的基础技术，针对控制软件、智能感知等前沿技术领域的薄弱环节，应加强技术创新及技术引进与合作，聚焦一批关系中国智能产业发展的核心基础部件，以及一批与产业安全密切相关的关键共性技术，以市场化机制为主导，推动实现原始创新、颠覆性创新、集成创新等重大突破。

（三）创新平台拉动

一是建设多元数字应用场景。建设数字孪生城市，推动以第五代移动通信技术为基础的各种智能场景落地。探索构建无人驾驶和自动驾驶的交通网络，实现智慧交通。利用智能医疗的可复制与可推广特征，实现均等化智能医疗服务。运用先进的视觉分析、人脸识别、生物特征分析等技术，实现智能安全等。二是推动建设工业互联网。利用互联网企业将数字化能力向供给侧迁移的时机，通过"数据+算力+算法"的机制助力企业在品牌、制造、组织、销售、渠道、供应链等各个环节的数字化转型，实现全产业链数字化。把工业互联网平台打造成工业关键基础设施，支持骨干制造业企业、大型互联网企业、知名科研机构联合建设，不断提升平台开发、设备管理、数据采集、边缘计算、人工智能等基础能力，真正打造可以服务于不同行业的新型工业互联网基础设施。三是建设产业创新中心。引导企业、高校、科研院所、用户组建等多种形式的智能产业联盟，推动创新资源向企业集聚。建设智能产业创新中心，开展共性关键及应用技术研发、系统解决方案咨询服务。支持组建智能机器人、增材制造等关键行业领域的产业创新中心。同时，产业创新中心建设必须要考虑不同技术水平、不同经营模式和不同市场环境下的企业需求，因"企"制宜，激发不同企业的内生动力。

（四）产业融合联动

一是促进新科技与产业融合联动。第五代移动通信技术与人工智能、边缘计算、视觉技术、传感技术等通用目的技术相互结合、相互优化，并与行业场景不断融合，在交通、能源、制造、教育、医疗、消费、休闲娱乐等领域带来新的业态，促进跨界融合，催生和推动行业数字化发展，重塑甚至颠覆传统商业模式，创造出巨大的经济价值。二是要避免"两张皮"，实现优势互补。新科技在自身领域的应用潜力是有限的，但与生产制造、企业经营相结合就能产生巨大的社会和经济效益，归根结底要将其体现在智能转型和生产力提升中，帮助实体经济获得更高的生产效率，不能本末倒置。因此，要强化数字技术、信息技术、智能技术向各行业、各领域覆盖融合，加快培育"产业+互联网+服务"的新模式新业态，大力培育平台经济、网络经济、定制经济等数字经济新业态。三是促进智能服务新模式的发展。智能服务是"无形经济"的重要形式，智能化技术帮助制造企业从提供产品向提供"产品+服务"转变，结合以租代售、按时计费、远程诊断、故障预测、远程维修、一体化解决方案等新的商业模式，促进新一代人工智能等新技术进一步突破制造业上下游的边界和细分行业之间的壁垒，增强生产的社会化、专业化分工和共同协作能力，构建制造业服务化的产业形态。

第七章

信息网络技术驱动制造业价值链重构
——基于模块化理论视角

当前，以人工智能、大数据、云计算、数字孪生等信息网络技术驱动的第四次工业革命浪潮，正在对制造业的研发体系、生产范式、商业模式、价值分配等产生深层次的变革。在这一过程中，势必会对制造业价值链各个环节形成冲击和再造，进而引起价值链的重构。模块化理论在产业价值链中的应用主要是通过模块的分解和整合降低产业生产过程的复杂程度，并通过模块之间的竞争不断推动产业价值链整体的优化升级。从 20 世纪 90 年代后期开始，美国和日本的学者就将电脑生产、汽车制造等作为研究对象，探究了模块化在这些产业中的应用，发现模块化具有节约成本、提升产品多样性的优势，对于推动产业价值链的价值创造发挥着重要作用。那么，在以数字化、网络化、智能化为核心特征的第四次工业革命背景下，产业价值链的模块化水平会发生什么样的变化？又是通过哪些机制产生作用的？基于此，本章将结合制造业价值链模块化的特征，深入分析信息网络技术驱动制造业价值链模块化重构的作用机制和作用路径，为推动制造业价值链转型升级提供理论依据。

一、模块化与制造业价值链

（一）模块化的内涵

模块化是在信息技术革命背景下，产业发展过程中逐步形成的用于解决复杂产品生产的新方法。完整系统的模块化理论是由美国哈佛大学商学院的鲍德温和克拉克于 1997 年提出的，他们以电脑、汽车制造及金融服务业为主要对象，研究发现，通过将复杂的产品设计或生产制造流程分解为标准化、具有特定功能的不同模块，可以大幅提升生产效率和产品创新程度。青木昌彦和安藤晴彦（2003）则在此基础上，对模块化的概念给出了更为明确的表述，他们将具有某种特定功能的模块定义为半自律的子系统，它按照一套明确规定的界面规则和其他子系统相互联系构成更加复杂的系统，而模块内部则在遵循界面规则的前提下独立开展模块设计，并且赢者通吃的分配方式可以激励各模块企业开发出更多符合界面标准和绩效标准的模块产品，进而创造更大的价值。模块化在产品结构较为复杂、标准性较强、用户需求迭代较快的产业得到了广泛应用，通过将一个复杂产品的生产制造分解到多个独立企业完成，可以使每个企业更好地专注于自身所擅长部分的设计和制造，在提高生产效率的同时，也有利于推动产品的创新，从而实现整体产业的转型升级。

（二）制造业价值链模块化

制造业价值链是价值链在制造业层面的延伸，是由多个企业价值链整合而成的，是整个产业传递、转移和创造价值的通道。完整的制造业价值链通常包括原材料供应、生产制造、销售服务等多个环节，每个环节由若干具有竞争关系的同类企业组成，不同环节之间的企业则通过市场交易形成连接。制造业价值链模块化是指基于产品的功能性分工，价值链结构逐渐分解为若干个独立的价值节点，通过各价值节点的横向集中与功能整合，形成多个独立运营价值模块的过程。随着制造业价值链模块化的过程不断深入，制造业价值链上的企业逐渐演化为两类企业：一类是标准制定商或系统集成商，主要负责模块之间关系规则的设计与集成，具体包括结构（由哪些模块构成）、界面（模块之间如何相互作用）及标准（检验模块是否发挥所要求的功能）三个要素；另一类是模块供应商，即在遵循明确规定的设计规则前提下独立开展模块设计的企业，其内部的设计规则可以隐藏，不必考虑其他模块的设计思路，从而保证每个模块供应商的差异性。不同模块之间呈现竞争与合作的多重关系，一是标准制定商与模块供应商之间的合作关系，二是不同标准制定商之间以及同一标准下多个模块供应商之间的竞争关系。因此，制造业价值链模块化是将价值链中的每一个环节按照一定的功能进行分解、调整和整合的过程，是一类特殊的产业分工形态，通过不同模块的分工及每个模块的专业化经营可以实现更为显著的规模经济和范围经济。

（三）传统制造业价值链与模块化制造业价值链的区别

Porter 提出的价值链理论通常被认为是传统意义上的价值链，该理论主要基于企业微观层面，分析企业从原材料投入到产品销售的一系列内部价值活动，以及与供应商、消费者形成的连接，进而发现企业的竞争优势。与传统制造业价值链相比，模块化制造业价值链的差异主要体现在以下几个方面：

第一，在价值链分工方面，传统制造业价值链是基于产品生产工艺的分工，虽然这种分工形式有助于提升个体劳动生产率，但随着分工链条的延伸，分工程度越来越细，交易成本会逐步上升，协调的难度也会不断增加，并且在过细的专业化分工中，单个厂商所能进行的创新空间有限。模块化制造业价值链是基于产品功能的分工，这与传统的专业化分工有着本质的区别。以汽车的座椅生产系统为例，在传统专业化分工形式下，通常需要 30 多家供应商生产零部件后再由整车厂装配，如果以模块化生产，整车厂只需要与一家座椅模块供应商进行交易，极大地降低了交易费用。此外，由于有多个厂商同时相互独立地生产设计同一模块，因此，相较于传统专业化分工，模块的创新速度会更快。

第二，在价值链形态方面，传统的制造业价值链形态是以纵向一体化为主，价值从上游往下游单向传递，后一个环节的价值增值是建立在前一个环节的基础上；而模块化制造业价值链则呈现网络状，每一个模块在遵循一定设计规则的前提下独立生产，彼此并不发生直接联系，只是最后与系统集成厂商产生直接关联，通过集成与检测把产品或服务提供给客户。模块化制造业价值链打破了传统价值链单向线性关系，一个模块集成厂商可以同时面对若干模块制造企业，一个模块制造企业也可以同时面对若干模块集成厂商，各环节的企业之间形成网状关系，制造业价值链完成了向立体价值网络的演化。此外，模块化的制造网络具有很强的开放性，只要遵守通用的模块设计规则，并能够开发出更高性能的模块供应商就可以随时加入，其对新企业的吸纳能力以及产业创新速度，都是传统制造业价值链所无法比拟的。

第三，在价值链整合方面，传统制造业价值链主要采用纵向一体化、横向并购等方式完成整合，整合的主体是资本实力较强的企业，通过整合能够更好地实现规模经济和范围经济；而模块化制造业价值链主要是由系统集成厂商完成整合，整合的主体是拥有知识优势的企业（又称为舵手），根据系统任务的复杂程度，整合的方式可以分为内部组织模式、元件市场交易模式和授权设计交易模式三种类型。

二、信息网络技术驱动制造业价值链模块化重构的作用机制

信息技术是驱动制造业价值链形态变化的重要因素。随着以大数据、人工智能、移动互联、云计算、区块链等数字技术为代表的第四次工业革命不断推进，基于模块的重组式创新成为主导经济结构调整的新模式，全球产业加速进入模块化设计、模块化生产和模块化消费的模块化大发展时期，制造业价值链模块化水平也得到进一步深化。

（一）信息网络技术的特征

1. 为消费者创造新价值的能力不断增强

商品价值是否能够最终实现，取决于商品本身给消费者带来的实际效用。利用信息网络技术，生产过程的所有信息都能够详细地映射到数字化空间中，实现生产活动价值流的可视化，打破了不同环节的信息壁垒，加快生产要素流通，生产效率得到明显提升。在数字化空间中，消费者通过与厂商建立数字化连接，可以深度参与生产制造全过程，强化了产品与市场需求的匹配程度，大幅提升了消费者创造价值的能力。

2. 技术创新能力大幅提升

信息网络技术营造出的数字化空间，克服了物理空间对技术创新及应用的约束，极大地提升了技术创新能力，具体体现在两个方面的变化：一方面是提升了技术模块之间的耦合性，使技术创新的可能性大幅增加。在传统物理空间下，技术模块之间耦合度的测试与匹配面临产品复杂性与成本的约束，极大地制约了产品的技术创新。基于数字技术创新的技术模块可以在虚拟空间中得到完整呈现，技术模块之间相应地可以形成任意的组合方式，依托庞大的数据库支撑，技术模块的组合可以通过在线仿真的形式进行测试与验证，并根据测试结果不断修改完善。另一方面是提高了技

术创新的效率。随着技术创新过程在数字化空间中得到完全呈现，技术创新的数据不断被记录和采集，利用人工智能等技术可以挖掘技术创新过程中所包含的全部信息，包括揭示当前业务流程中存在的问题、预测消费者需求的发展趋势等，进而对下一步的技术创新指明方向，推动技术创新向智能化转型。

3. 技术结构的边界不断拓展

技术发展模式通常包含两种情形，分别是技术替换和引入新技术。其中，技术替换是将效率偏低的部分替换为性能更好的技术，主要体现为局部结构内的创新；引入新技术则是在整体结构中将新的技术纳入其中，表现为整体性能的提升。信息网络技术打破了旧的技术结构，促进了新的结构体系不断整合，即使是技术替换，也需要在考虑与其他部分的兼容性之后进行重新设计，相应地，也必然会对技术结构产生直接影响。具体而言，数字技术加强了不同市场主体之间的连接，市场主体通过网络化的形式连接到任何个体和组织。网络化的形态引发了"去中心化"的倾向①，使个体处于一个动态、开放的环境当中，推动了数字技术的快速发展。虽然网络化的连接形态在短期内增加了治理的难度，但是从长期来看有助于激发个体的创新性，进一步加强对数字技术开发与优化的积极性，并且能够以较低的成本完成技术测试与升级，不断深化技术结构。基于网络化形态的开放式创新，极大地拓展了技术创新的边界，形成规模经济和范围经济，对于推进技术升级具有重要作用。

（二）信息网络技术驱动制造业价值链模块重构的三种机制

1. 更好地满足消费者的个性化需求

消费者需求是产业价值链的核心内容，不能满足消费者需求的制造业价值链，也就失去了存在的基础。因此，消费者需求是影响制造业价值链形成与变化的决定性因素。与标准化产品相比，个性化产品能够更好地满足消费者的需求，可以给用户带来更大的价值。随着数字经济时代的到来，用户不再仅仅满足于成为产品的被动接受者，而是希望深度参与产品生产的每个环节，实现产品个性化定制。Moon 等（2008）研究发现，个性化的产品类型对于消费者购买意愿具有显著影响，而价格的影响却微乎其微。信息网络技术

---

① 张康之，向玉琼. 网络空间中的政策问题建构［J］. 中国社会科学，2015（2）：123-138，205.

有助于驱动生产模式模块化、柔性化，能够更为灵活地生产消费者需要的产品，更好地满足消费者个性化、多元化的需求。具体而言，通过将产品模块化中共同的部分事先组装起来，一旦消费者提出特定的需求，便迅速将这些体现个性化特征的模块组装上去，从而大幅提升生产效率和质量。这种组合式的模块化在满足标准接口连接的前提下，允许不同类型的模块以任何方式进行配置，从而可以最大限度地满足消费者的个性化需求。

以海尔开发的 COSMOPlat 平台为例，作为工业大规模个性化定制模式的实践者，通过在设计、生产制造、物流、服务等各个环节植入用户参与界面，使用户能够广泛、实时地参与生产和价值创造全过程，打造适应大规模定制模式的生产系统，形成了 6000 多种个性化定制方案。环球服饰公司借助 COSMOPlat 平台，完成从平台下单到工厂生产及发货全过程，并通过平台数据分析，构建产业供应链的快速协同，实现从大批量生产模式向大规模定制模式的转变，成为女装个性化定制智能生产示范工厂。除了在消费品领域，信息网络技术也能够有效满足工业品个性化定制趋势。例如，中建钢构利用工业互联网平台实施数据驱动的大规模个性化定制，具体而言，根据客户的需求结合施工现场条件，依托平台完成数字化设计，同步展示 3D 效果并且根据设计结果自动计算材料用量和建设预估费用，数字化设计方案通过平台可直接下达至工厂进行生产，从设计到运维的过程全程可视，实现供应商与客户设计交互和进度跟踪，有效满足了客户大规模个性化生产需要。

2. 提升了模块化设计的技术创新水平

模块化系统的设计规则是对事物进行数字化处理的编码化知识[①]。这些知识和信息在模块供应商与系统集成商之间不断交互传递，同时模块供应商必须完全服从系统集成商的设计规则，才能保证模块与系统的兼容性。随着数字技术在制造业中的广泛应用，知识和信息已经超过物质资本投资，在模块化生产中发挥着越来越重要的作用。信息网络技术主要通过推进工业知识数字化及产品系统数字化集成等途径不断提升模块化设计的技术创新水平。

第一，工业知识的数字化提升了模块化设计的协同水平。工业知识通常分为显性知识和隐性知识，其中，显性知识易于通过文字、图片、声音

---

① 柯颖，王述英. 模块化生产网络：一种新产业组织形态研究［J］. 中国工业经济，2007（8）：75-82.

等形式传播和应用，而隐性知识更多依附于具有丰富经验和知识的个体身上，难以采取有效的形式进行传播和扩散。也正因为如此，工业隐性知识在推进企业技术创新等方面发挥着重要作用①。由于传统制造业价值链上的企业分工不同，其上下游企业之间的工业知识具有较为明显的差异，工业知识传播面临一定的障碍，结果导致模块设计规则难以保证模块供应商与系统集成商之间实现完全契合。以工业互联网平台为代表的数字化平台则降低了工业知识、经验、技术的载体依附性，使工业知识、经验、技术以组件的形式加密封装为独立的产品，并为其呈现、交易、传播提供统一的数字化场所。它们通过将大量工业技术原理、行业知识、基础工艺等隐性知识以数字化模型的形式沉淀到平台上，形成各种软件化的模型（机理模型、工艺模型、数据分析模型等），并且不断引入新的数据和应用场景对模型进行修正和改进，促进价值链不同模块之间工业知识的转移，有效提升了模块化设计的技术水平。

第二，产品系统的数字化集成避免了不同模块之间协同所面临的空间约束。系统集成通过将不同模块整合在统一架构中，实现高效管理。随着产品的复杂程度不断提升，其对模块设计的创新性也提出了更高的要求，不仅需要保证模块供应商与系统集成商设计规则的一致性，还需要克服不同模块供应商协同所面临的空间约束。随着数字孪生、数字仿真等技术在制造业中的广泛使用，以及 CAD、CAM、CAPP 等研发设计工具加快云化改造，企业可以低成本、方便快捷地建立高度集成的数字化模型和研发设计仿真体系，将系统集成工作逐步从复杂的实体空间向可视化程度更高的数字化空间转移，通过在数字化空间中测试不同模块设计方案，并不断修改完善，放松了物理空间对系统集成带来的空间约束，在提升模块化设计创新水平的同时，也大大降低了模块设计的成本。以索为 SYSWARE 平台为例，该平台集成了六个专业设计模块，可以保证各个阶段、各个专业模型之间的紧密关联，实现多学科关联设计和优化，克服总体设计过程中不同模块之间协同所面临的空间约束，同时将各个设计模块产生的数据接入平台中，完成工具软件 APP 的封装。利用平台的专业设计工具不仅可以大大提高设计质量、减少人为失误，还可以有效缩短设计周期、提升设计效率。

---

① Nonaka I, Takeuchi H. The Knowledge-creating Company：How Japanese Companies Created the Dynamics of Innovation［M］. New York：Oxford University Press，1995.

3. 降低模块交易的成本

制造业价值链层面的模块化将推动形成模块化制造网络。在模块化网络中，一个模块集成厂商可以同时面对若干模块制造企业，一个模块制造企业也可以同时面对若干模块集成厂商，原有的单向链式契约关系将被打破，各环节企业之间形成网状关系①。信息网络技术将进一步推动制造业价值链向网络化形态演化。以系统集成商为主导的价值模块网络将模块供应商等相关利益主体整合在数字化平台上，以数据为主线实现各模块之间的智能互联，极大地降低了模块交易的成本，推动了整个价值链资源的智能匹配。同时，模块之间的快速协同使价值模块网络具有充分的灵活性和反应能力，使之能够在最短时间内开发出满足用户个性化需求的产品，适应模块化产品系统升级换代的速度。

以"生意帮"建立的协同制造管理平台为例，长期以来由于供求信息不对称，浙江甬台温地区的模具、注塑中小企业产能严重过剩，生产能力得不到有效利用，大型工厂也无法及时找到合适的加工生产方。"生意帮"则先将产品分解为不同模块，再通过网络协同智造平台，寻找闲置的设备和多余劳动力组织生产，最后完成不同模块的组装与集成。这种生产组织模式不仅可以大大降低模块之间的交易成本，而且有助于盘活中小企业产能，帮助更多中小企业走上专而精的发展道路，适应小批量、定制化产品的消费需求。目前，该平台吸引了1.5万家中小企业入驻，包括设计模具、机械加工和注塑、表面处理等不同模块的企业。利用云工厂平台进行网络化协同生产，可以实现不同模块之间的实时连接和资源共享，大幅降低模块之间的交易成本，更好地满足用户个性化需求。

三、信息网络技术驱动制造业价值链模块化重构的作用路径

（一）以数据为主线推动制造业价值链数字化转型

制造业价值链数字化转型是指利用新一代信息网络技术，通过构建完整的数据采集、传输、存储和反馈的闭环打通产业链各环节数据流通壁垒，将制造业价值链上各环节的信息传递和要素流动高效地连接起来，进而大

---

① 李平，狄辉. 产业价值链模块化重构的价值决定研究 [J]. 中国工业经济，2006（9）：71-77.

幅提升制造业价值链的运行效率，实现信息网络技术与产业价值链的深度融合①。制造业价值链数字化转型通常分为信息数字化、业务数字化和数字化转型三个阶段。在这三个阶段的逐步演进过程中，制造业价值链也完成了从模块分解到模块整合的重构。

信息数字化是价值链数字化转型的基础阶段，该阶段强调将价值链上的各种信息以数据的形式进行标记，使数据成为连接价值链所有环节的主线，实现价值链上的信息在数字空间中得到清晰呈现，进而提高物流、信息流、资金流的传递效率。信息数字化的不断深入，引起了不同部门之间知识扩散、技术协同等方面的新变化，由此进一步推进了价值链模块化分解的程度。具体而言，由于不同企业在制造业价值链分工上的差异，使模块供应商之间的技术知识存在较高的壁垒，知识扩散面临一定的障碍，也限制了制造业价值链模块的分解。借助于信息网络技术，工业知识尤其是隐性知识，可以在数字化空间中清晰记录，极大地促进了其在价值链不同环节间的创造、传播和共享。在此背景下，不同模块之间的壁垒将逐步降低，模块可进一步分解的程度也将大大提高。

业务数字化是指在生产制造活动和运营管理等流程层面的数字化转型，在信息数字化的基础上，借助大数据、人工智能、云计算等信息网络技术与制造业价值链各环节的深度融合，生产制造、运营管理等过程将更加趋向数字化与智能化，大大提升了生产效率和产品质量。业务数字化进一步促进了工业技术知识的扩散以及不同模块的协同程度。一方面，通过强化不同业务之间的数字化连接，消除了不同业务厂商之间技术信息不对称，模块供应商能够更加详细地了解集成厂商的技术信息，根据明确界定的设计规则，利用数字化信息精确匹配最优化的技术工艺及零部件，提升生产效率，促进了各模块供应商的专业化生产水平。另一方面，系统集成商基于对隐性知识的学习，能够对各模块供应商的信息有更加全面的掌握，进一步加强与模块供应商之间的生产合作，促进价值模块的整合。

全面数字化是在信息数字化、业务数字化的基础上，用系统化、数字化的战略思维对价值链模块进行全面整合的过程。全面数字化将会改变制造业价值链形态，拓展制造业发展空间，实现制造业价值链资源的优化配

---

① 李春发，李冬冬，周驰.数字经济驱动制造业转型升级的作用机理——基于产业链视角的分析 [J].商业研究，2020（2）：73-82.

置。全面数字化主要是通过工业互联网平台等数字化平台的数据集成与知识发现功能，完成不同模块的整合与集成过程。以工业互联网平台为例，作为数字经济时代下的新型工业集成平台，其通过采用相对统一的数字化标准连接机器、物料、人、信息系统等，实现不同模块在平台上的集聚，降低了模块之间的交易成本，更好地推进了制造业价值链模块的集成。

（二）以消费者需求为核心构建模块化制造网络

满足消费者需求是制造业价值链创造价值的最终目标。随着信息网络技术的快速发展，消费者的个性化、定制化需求不断涌现，原本相对稳定的价值链整合模式逐渐被打破，模块之间的不确定性不断增强，并呈现出重叠、交叉、替代、融合等一系列特征，制造业价值链模块化正在发生重大变革。模块供应商之间的相互关系变得更加密切和复杂，不同模块的价值创造优势已经远远超出了单个供应商企业自身的能力和资源范围，更多体现在各模块之间的系统协同中，也就是说，产品或服务的竞争力主要是建立在系统集成商、模块供应商、辅助企业、消费者等各种资源和核心能力的基础之上，进而推动形成模块制造网络的产业组织形态。具体而言，模块制造网络是以系统集成商为中心，将各利益相关主体以数字化连接的形式聚集在数字化平台上，使产品的模块化设计和模块化制造能够快速协同起来，在最短时间内开发出满足消费者个性化、差异化需求的产品或服务，实现消费者与制造业价值链各环节之间的价值共创。信息网络技术在推动构建模块化制造网络的过程中，呈现出以下五个特征：

第一，模块化制造网络更加灵活和开放。在制造业价值链模块化结构中，不同模块遵守的共同设计规则是公开可见的，而每个模块的设计信息则隐藏在模块内部，成为隐形的设计规则，因此，只要符合通用的设计规则，并能够开发出性能更高的模块，那么模块化制造网络便可以在短时间内吸引大量的模块供应商加入，使模块化制造网络可以保持非常高的开放性。与此同时，新一代的信息技术可以进一步推进生产工序模块化分解的程度，使模块化制造网络能够从更多的企业采购相同的模块部件来快速满足消费者的特定需求，从而保持较高的灵活性和柔性能力，更好地提升模块化产品的创新性。

第二，模块化制造网络打破了地理空间的约束。随着大数据、物联网、人工智能、云计算等数字技术的快速发展，以数字化平台为载体的模块化制造网络通过人、机、物的全面互联，实现制造业价值链各模块间的全面连接，使制造业资源优化的边界从企业内部走向全价值链、从封闭走向开放，极大地延伸了价值链的空间分布。同时，基于数字化平台催生的协同研发制造等新模式也大幅提升了各分工主体的信息共享和生产协同水平，促进产业整体竞争力提升，同时降低了价值链模块化分工对于地理空间的依存度，使以追求知识溢出、规模经济和范围经济为目标的地理空间形态集聚，逐步向以数据和信息实时交换为核心的网络虚拟集聚模式转化①。

第三，知识和信息成为模块化制造网络中最重要的生产要素。主要体现在三个方面：一是系统集成商的设计规则是对制造业价值链的各种信息进行数字化处理的编码化知识，在模块化制造网络中，模块设计信息以数据的形式在价值链各个环节传递和交换，模块供应商必须完全服从系统的设计规则，才能保证其与系统的完全兼容。二是模块化制造网络中大量使用基于云端的生产制造和运营管理软件，如传统的 CAD、CAE、PLM、MES 等软件已基本完成云化改造，不仅大幅降低了企业在信息化方面的物质资本投资，也使以知识和信息为基础的服务在制造业价值链中发挥着越来越重要的作用。三是产品的模块化结构使消费者可以自行设计和配置所需要的产品，深度参与价值链各个环节，模块化供应商则可以按照消费者的需求进行定制化生产。因此，消费者信息成为制造业价值链价值创造过程的关键生产要素。

第四，模块供应商与系统集成商之间的关系发生改变。在传统的模块化结构下，模块供应商只有在遵守系统集成商的设计规则、保证模块化产品与系统完全兼容的前提下，才能独立开展模块设计和生产，实现自身价值最大化。模块化网络结构改变了模块供应商与系统集成商之间依附与被依附的关系，模块供应商不再只按照系统集成商的设计规则进行生产，两者之间呈现的是一种互惠互利的新型合作关系，甚至在某些情况下，模块供应商可以影响系统集成商对于系统设计规则的制定和修改，以实现模块化制造网络整体利益的最大化。

第五，模块化设计的成本大幅降低。Graud 和 Kumaraswamy（1995）研

---

① 王如玉，梁琦，李广乾. 虚拟集聚：信息网络技术与实体经济深度融合的空间组织新形态 [J]. 管理世界，2018（2）：13-21.

究发现，如果在设计高性能系统的过程中，保留现有部分部件比重新设计新的部件成本要低，那么就说明存在替代经济。替代经济可以使企业通过重用其他模块来替代现有技术系统的特定模块进行产品升级，进而大大缩短了新产品的研制时间，提高了研发效率。在模块制造网络结构下，消费者可以更加深度地参与模块的设计，设计者与消费者之间的信息不对称程度大幅降低，新设计的模块与重用模块之间的不兼容性减至最低限度，进而更大程度地实现模块重用和研发成本的大量节约。

四、信息网络技术驱动制造业价值链转型升级的政策建议

（一）加强制造业数字基础设施建设

数字基础设施建设对于信息网络技术赋能制造业价值链数字化、智能化转型升级起着基础性的支撑作用。首先，加强工业互联网平台等工业集成平台的建设，借助工业互联网平台全面打通价值链各个环节，实现价值链全过程的互联互通，充分发挥工业互联网平台的资源集成整合优势，不断拓展价值链的优化发展空间，提高全要素生产率，推动制造业价值链向高端迈进。其次，推动本土大型制造企业在核心价值模块和关键技术的研发创新力度，通过鼓励公司创业、发展产业投资基金等形式，提高对前沿性、原创性、战略性技术领域的研究和开发投资，特别加强在智能芯片、工业机器人、智能传感与控制设备等关键领域的技术攻关，为制造业价值链向数字化、智能化转型提供技术与装备支撑。最后，鼓励汽车、电子通信、机械装备等技术密集型模块化产业的企业进入全球价值链，参与更多高附加值的经济活动，推动价值链的升级。其他产业的企业应通过模块价值网络积极开展重组式创新，将边缘性模块进行外包，充分利用国外的低成本生产资源和知识要素，强化我国制造业价值链的综合优势。

（二）强化数据集成与共享

制造业价值链数字化转型的前提是以数据为主线，打破价值链各分工环节的信息壁垒，充分发挥数据资源的集成和价值创造功能。在数字经济背景下，制造业价值链将以满足消费者需求为导向，而随着消费者需求的个性化特征越来越突出，市场需求的更新速度不断加快，价值链生产过程

面临的不确定性也在不断增加。此时，价值链不同环节的数据集成与共享将变得十分重要。价值链的核心节点企业可以利用数字化平台强大的数据集成和分析能力，准确地分析和预测市场需求的变化及价值链上下游企业的生产信息，制订自身的原材料采购、生产制造等计划，以应对外部环境的变化，并在此基础上为价值链上下游企业提供更全面和准确的交易和需求信息，实现价值链整体价值的最大化。此外，数据标准的规范也是数据集成与共享中一个不可忽视的问题，数据在制造业价值链不同环节间的流动会受到数据质量标准的限制。统一的数据标准有助于降低制度交易成本，促进企业之间的合作。然而，通过长期市场竞争演化形成的数据标准往往需要消耗大量的人力、物力和财力。因此，可以从行业统一的角度制定规范的数据互联互通标准，进一步打破数据流动的壁垒，为实现制造业价值链数字化转型提供基础保障条件。

（三）进一步推动产业组织优化调整

根据我国产业的全球化布局战略需要进一步推动产业组织的优化调整。具体而言，我国制造业企业需要摒弃一体化的产品研发生产模式，通过产业重组和流程重组，形成专注于核心模块开发的系统集成商及能为国内外厂商提供高性能模块的专业供应商。具有知识和资本优势的大型企业应将自己定位于模块整合者或模块设计规则的制定者，通过契约形式整合全球资源。大企业应利用新一代信息网络技术，充分利用外部资源加强模块化设计，掌握模块化的制定规则，成为模块化制造网络中的舵手型企业。广大中小企业应将自己定位为核心模块的专业供应商，通过专业化分工生产，不断提升模块质量占领全球价值链中的有利位势。

（四）完善产业数字化生态系统建设

随着以人工智能、大数据、工业机器人、5G技术等为代表的信息网络技术驱动生产制造向数字化、网络化、智能化转型升级，数字化产业生态体系逐步形成。数字化产业生态体系是一项复杂的系统工程，其涉及的主体以及包含的内容众多，建设过程中需要充分注重系统内部协调机制的构建，以保障各利益相关主体的和谐关系和系统的稳定性。因此，需要完善数字化生态系统的架构体系与运行规则，加强各主体的分工协作水平，如核心企业需要承担模块集成与价值传递的功能，应致力于培育产业生态体系中的管理、数据、物流等"公共品"建设，提升数字化生态系统的价值创造能力。同时，加强产业生态系统内企业之间、企业与大学和科研院所之间的知识流动和技术转移转化，建立以市场化应用为导向的数字化生态系统科技成果转移、扩散机制。

第八章
信息网络技术对制造业
空间形态的影响：虚拟集聚

2020年，中国国民生产总值超过百万亿元，其中工业增加值达到31.31万亿元，连续11年成为世界第一制造业大国。在我国县域经济中聚集着大量的中小制造企业群落，主要业务以小商品生产为主，产业链较短，没有龙头企业带动，但却是中国制造必不可少的组成部分。在新一代信息网络技术的驱动下，基于互联网平台、聚集大量中小制造企业的"虚拟集聚"正在兴起。以淘宝特价版、拼多多、京喜等为代表的电商平台基于长期沉淀的数字化能力，能够全方位赋能中小制造企业和产业带工厂，实现供与需、产与销的精准匹配，在提升消费者福利的同时实现经济高质量发展。本章将重点研究信息网络技术对中小制造业企业空间形态的影响。

一、中小制造业企业数字化转型的挑战

数字化对于消除供给和需求之间的信息不对称、实现个性化定制、畅通经济循环等方面起到非常重要的作用。数字经济的不断发展催生出了新的制造范式，如工业互联网、智能制造等。新的制造范式下，中国制造业企业的价值创造呈现出新的特征。但是，工业互联网、智能制造等有着数字化基础设施的属性，一方面应加强新科技等物质资本建设，另一方面还要加强创新型人才等智力资本投资，这对于广大中小型制造业企业而言无疑是一个巨大的转型壁垒。

虽然新科技革命与产业变革正在深入发展，但是中小制造企业始终没

有找到合适的切入点。在中小企业层面，产业数字化发展后继乏力，实体经济主动融合的动力不足。大型企业和中小企业之间存在"数字鸿沟"，对于中小企业而言，无论工业互联网还是产业互联网都更多是一种基础设施，它们缺乏足够的资金投入支撑企业的数字化转型。中小制造企业规模庞大，是中国制造业的基础，是否能够利用数字技术提升产生效率对于中国制造的转型成败影响巨大。

（一）现有数字化转型模式对中小企业的"适应性"不够

现有的数字化转型模式更多具有基础设施的功能，单一中小企业没有能力实施这些方案。此外，智能制造、工业互联网、物联网能够给企业带来什么，能够给消费者带来什么，大家都在摸索，有时反而迷失其中。智能化改造、建设工业互联网等都需要大量的投资，中小制造业企业本来利润就微薄，无力进行数字化投资，尤其工资水平不高，难以吸引到优秀的人才。一般认为，未来只有平台型企业和附属企业两种企业，那么依附于工业云平台的中小制造业企业将失去数据的主导权和所有权。以上这些都是广大中小制造企业的担忧所在。

（二）中小企业数字化转型能力不足

中国的制造业企业呈现出加剧分化的特征。一方面，中国拥有不少具有国际竞争力的大型企业，这些企业的制造生产过程已经实现了高度自动化；行业龙头和冠军企业通过智能化改造，大部分都已经增加了互联网、云平台的技术内容，一些人工智能技术，如图像识别、语音识别等，也已经在机器人上下料、质量检查等环节得到较为普遍的应用，帮助解决企业的实际问题。有的企业虽然只实现了部分的数字化改造，也同样通过采用云计算、大数据、工业互联网等技术不断创新制造模式，提高了发展质量和效益。

另一方面，大部分中小企业由于资源条件的局限，在数字化进程上可能会出现一些障碍，这些企业对"工业4.0"的接受和吸收程度仍然不高。广大中小企业还没有完成数字化制造转型，为数众多的中小企业在自动化和数字化发展方面仍然十分落后。对中小企业来说，数字化能力是其进一步提高竞争力的保障，但是数字化技术在中小企业价值链流程中的应用还比较少，中小企业实施数字化改造意识还不强，并且缺少实施智能制造的技术资源，包括软硬件设备不足，以及专业人员缺失等。尤其中国3000多个县级市及下属城镇中，活跃着一批批扎堆的制造业产业集群，包括圆珠笔、牙刷、小提琴、箱包、地毯、游泳衣等在内，在这些"产业带"集群中几乎不存在龙头企业，从业企业数量众多，产值普遍不高。对于这些缺乏数字化能力的小微企业，没有任何一家企业有动力建设工业互联网等基础设施，但是利用数字技术提升这些企业的生产效率却又迫在眉睫。

(三) 产业带中小企业数字化转型更为迫切

数字化转型也为县域经济中的产业集群带来了全新机会。数字化转型的根本目的在于提升企业的经营绩效，即智能制造是促进新业态发展的手段，而不是目的。因此，如何提升企业投资智能制造的收益率是决定新业态发展程度最为核心的问题。只有提高企业创新性投资的回报率，才能激励广大企业参与到智能制造行动中来。

低端制造的数字化更加重要，通过将数字化技术与大规模生产的有效结合，能够更好地发挥中国的资源禀赋优势，并在这个过程中形成中国独特的智能制造能力。但是中小企业的数字化转型却不一定是打造无人工厂、实现工业自动化，而是要通过数字技术赋能这些中小企业，引入精益生产管理等先进生产管理技术，降低生产成本，提高国际竞争力。

以中央工厂、互联网平台为基础设施，吸引更多的中小企业，甚至小微企业入驻，整合产业链资源，将整个"产业带"或者产业集群作为集中管理的对象，通过标准化的方式，让原有落后的管理方式得以强制性升级，最终形成区域性的商业模式的突破。例如，阿里巴巴的"犀牛工厂"，运转效率可以达到行业平均的 4 倍水平，可以实现 100 件起订，实现 7 天交货。中国几乎所有的制造企业都有大量可以升级的空间，而这样的工作可能由阿里巴巴、小米、腾讯、华为等互联网科技企业来完成，利用数字化技术赋能制造业企业，直接为企业降低成本、提高效率。这次数字化升级将是一场庞大的生产变革，在很多所谓的低端产业上，中国将重新获得竞争优势，其他国家无法像中国当初一样承接国际上的整条产业链，并且发展出独立的工业体系。

二、产业带中小制造业企业转型的新模式：C2M

一些电商平台都在关注中国的"产业带工厂"，所谓产业带就是指我国县域经济中的一批制造业产业集群，也就是产业聚集地，例如箱包、皮具、灯具等，一个产业带内部可以有多个相关产业，产业带内的企业普遍以中小企业为主，生产的产品主要是消费品。近几年，京东京喜、网易严选、淘宝特价版、拼多多等电商平台纷纷提出基于"反向制造"模式，将产业带工厂的大量商品供给与消费者需求直接对接起来。

（一）基于 C2M 的中小企业聚集

所谓反向制造（Customer to Manufacturer，亦称反向定制或用户直连制造）模式，就是制造企业直接入驻电商平台，在电商平台的支撑下，实现供与需、产与销的精准匹配。电商平台助力下的 C2M 模式发展经历了三个阶段：第一阶段，电商平台通过对海量用户下单、搜索、评价等信息的大数据分析，向制造企业提供市场洞察，制造企业据此大规模生产适销对路的产品。第二阶段，制造企业逐步熟悉电商销售，建立起自己的用户群体，通过对本企业网店数据的分析，发现市场消费特点、发展趋势，据此开发市场需求的产品并进行大规模生产。第三阶段，制造企业在价值链、供应链整体的数字化、智能化水平进一步提高，在前端的网店侧可以接受用户的个性化订单，依托后端的可重构、柔性化生产系统，开展个性化定制。

缩短销售路径，并非 C2M 的唯一诉求，真正达成消费者驱动型制造才是 C2M 的内核。如果仅仅是通过前端大数据的分析，得出产品的个性化需求特征，从而有针对性地进行批量化生产，这并非柔性生产线。数字经济时代，消费者的需求特征在发生变化，个体实时的、个性化的、碎片化的需求，能够被传递到生产端，计算能力的充裕可以让这些具体的颗粒状需求得到充分满足，产业链再根据需求进行生产，实现精准的供需匹配。随着互联网技术向制造业各领域、各环节中逐步渗透，供需信息不对称的问题得到极大缓解，制造业正经历着由"生产导向"到"用户导向"、由"大规模生产"到"小规模定制"、由"标准化"到"个性化"的转变。C2M模式要在发现新需求的同时，带动制造环节的优化，并形成良性循环。

网络化的中小企业发展产业集群是数字技术塑造出的产业带新形态。

拼多多、淘宝特价版等都是 C2M 模式的代表,以主打低价高质产品为特点,平台上聚集了全中国 2000 多个产业带、近 200 万产业带商家,覆盖 70% 的产业带,把个性化定制的产品传递给消费者。在新一代信息技术的驱动下,基于互联网平台、聚焦大量中小企业的"虚拟集聚"正在兴起。中小企业在制造业产业体系中具有重要作用,推动产业链、供应链现代化,需要发挥龙头企业、产业集群、网络平台等中小企业依赖的核心或枢纽的作用。依托电商平台可以实现产业集群(产业带)与虚拟集聚型两种工业体系之间的联系,一端对接外销代工企业,另一端对接消费者的电商新模式兴起,形成良好发展态势。进一步而言,借助阿里巴巴等电商平台庞大的资源要素体系,在为中小制造企业构建销售渠道的同时,也能够帮助企业在国内重构供应链体系,搭建应对国内市场需要的产品研发、市场营销虚拟化数字平台。

(二) C2M 创造虚拟集聚新价值

基于电商平台,产业带工厂的需求和庞大的下沉市场需求能够有效衔接,更加重要的是,柔性定制、数字赋能、对接下沉市场是 C2M 对于广大中小制造企业的关键意义所在。

1. 实现柔性定制

柔性制造是 C2M 创新的关键,如果还是渠道创新,对企业缺乏数字技术的支撑,C2M 就不会有实质性突破。数字技术支撑一方面体现在对消费者需求的细化、挖掘分析,还要帮助产业带工厂解决小批量、个性化订单的柔性生产链,这些功能的实现离不开大数据、云计算甚至人工智能技术。例如,C2M 模式从简单的"上网"、多个互联网卖货渠道,发展到一整套数字化解决方案,也使 C2M 回归"产业带提升"的本质,帮助产业带商家实现真正的升级。

在传统的生产模式下,生产者与消费者之间难以建立广泛、实时的连接,制造企业通常通过小规模市场调查、新产品小批量试产试销等方式了解消费者需要,据此进行大规模生产,通过整合营销广播渠道将商品信息传递到消费者,并通过各种批发、零售渠道实现消费者的购买。这实际上是典型的 M2C 或 M2B2C 模式,制造企业决定生产什么、生产多少,以产定销。互联网等信息技术和电商平台等新模式的发展使制造企业与消费者之间能够建立更加紧密的联系,在互联网、移动互联网等泛在网络支持下,甚至可以实现实时连接和数据通信。C2M 模式的核心理念就是"经营用户"，即先有需求，然后再生产。

传统产业带工厂普遍采用代工生产模式，无须关注产品销售，不掌握产品销售渠道，也没有终端消费者需求信息的来源。如果贸然转内销，依靠销售人员"跑市场"的方式建设线下渠道难，而且消费者需求信息获取不及时、不准确，容易产生供需不匹配的问题，备货量不够会错过销售时机，备货量太多又会造成滞销，侵蚀利润。通过入驻电商平台，制造企业可以实现产销直连，解决这些痛点问题。电商平台可以将基于海量订单的市场洞察提供给制造企业，指导工厂生产市场需要的产品，组织更精准的生产备货，降低成本、大幅提高生产以及零售效率。

2. 推进数字赋能

我国是制造大国，产业门类齐全，商品种类丰富，背后是无数的生产作坊、制造工厂、超级小镇，经过整合构成了产业带。这些产业带生产的商品可以攻占日韩、远销欧美市场，甚至垄断全世界的市场份额。

（1）以数字化激活产业带。产业数字化能够帮助实体经济获得更高的生产效率，提升企业的经营绩效。产业带的中小制造企业长期依赖加工订单，不了解市场变化，没有直接接触过消费者，缺乏电子商务渠道和技能，很难实现数字化转型。此外，由于技术、品牌等能力的先天不足，竞争手段的原始单一，很多制造企业不得不高度依赖低成本竞争。从短期来看，运营数字化和渠道数字化是产业带工厂复工复产并恢复增长的驱动力。依托产业带的数字化新基建，中小企业能够迅速提升生产效率。例如，淘宝特价版重点覆盖阿里巴巴平台下的产业带商品，汇聚了高标准遴选的优质制造企业。作为我国出口大省的广东是淘宝"超级工厂计划"的重点发展地区，淘宝特价版上 30%的企业来自广东，诸多广东制造企业正在通过淘宝特价版为国内消费者提供"低价好货"产品。从长期来看，数字化是产业带工厂从简单的加工制造向产业链更高端环节延伸的新引擎。通过推动产业数字化，让更多的生产要素、产业链环节、用户需求等发生连接、汇聚数据，从而以数字化赋能激活经济发展的内生动力。

（2）以内循环支撑产业带。积极推动供需对接，在国外需求疲软时可以营造以当地需求、国内需求为主的产业内循环；当国外市场复苏时，扩大产业集群规模和质量，可带动全球产业链的大循环。受到新冠肺炎疫情的冲击，现在产业带工厂普遍面临的困境是大循环已"断链"，内循环有

"断点"。在电商平台的助力下，帮助产业带工厂实现线上直销产值，首先把供需之间的"断点"补上。补短板的同时，还需要帮助产业带工厂锻长板，那就是以数字化创新扩大再生产。通过内循环激活产业带，让经济充满韧性，才能吸引更多全球产业链相关企业落户中国、加入区域产业链，进而实现区域经济的振兴。

（3）以扩内需拉动产业带。扩内需的重点是扩消费，消费的基础在收入、就业。没有就业、没有收入，内需就无从谈起。因此，以居民充分就业和收入提升支撑内循环，以就业扩大和居民收入的持续提高为基础，才能形成以中高收入人群消费为引领、中低收入人群消费为基础的内需结构。在新冠肺炎疫情冲击之下，一些传统行业可能会出现产能相对"过剩"，对此，施以强行去产能手段并非最佳选择，而是要通过适度调整政策、创造新的需求来释放这些"过剩"产能。毕竟产能"过剩"受制于特定的技术和制度环境，或者没有找到有需求的消费群体。采用数字化手段不但能够帮助产业带企业在线上形成聚集效应，还能够对接不同层次的供给和需求，化解相对过剩的产能，扩大国内市场需求。

虽然单个规模有限，但中小微企业发展在国内有非常明显的聚集效应，大批中小企业扎堆一个区域形成了数以千计的"特色制造小镇"，甚至"产业带"。在新冠肺炎疫情冲击下，很多产业带遭到重创，有一蹶不振的危险。在电商平台的支持下，中小企业聚集的产业带开始新一轮增长，产业带内的中小企业通过集聚效应"抱团取暖"，快速恢复销售。江苏徐州睢宁县沙集镇有"中国电商第一镇"的称号，传统电商模式下家具产业经营困难，通过拼多多直播卖货，93 家企业参加了持续 3 天的沙集家具产业带联播，实现近 2000 万元的成交额。淘宝特价版除了推出全网第一个频道级外贸专区，还在全国设立"外贸转内销服务中心"，客服小二上门贴身服务外贸工厂，首批覆盖广东、浙江、福建、河北四省。在淘宝特价版外贸频道推出以来，每天新入驻淘宝特价版的外贸工厂超过 700 家，销售也出现了近 500% 的增长。

从长期来看，我国产业带商家加速从线下向线上转型，越来越多的传统加工制造和外销型制造企业开始通过互联网直接触达消费者，这成为国内众多聚集中小制造企业产业带应对危机和转型发展的重大变革。全国特色产业带销售排名靠前的地区直接带动了整个省份（直辖市）在疫情后的商家活跃度。例如，作为东南沿海重要的制造业基地，东莞聚集了大批中小微外销型制造企业。近年来，伴随着中国制造业整体升级，东莞厂商普遍面临数字化转型压力，新冠肺炎疫情引发外贸订单减少，更使厂商开拓国内渠道的需求迫切。主营手机壳模具制造的东莞商家乐地数码在疫情中损失了九成的外贸订单，压力巨大。为此，乐地数码主动与淘宝特价版合作，调整产品销售类目，指导生产线安排订单，销量比在改造前增长了5倍。

3. 对接下沉市场

我国经济发展存在"市场鸿沟"，具体表现为中高收入和低收入群体需求不均衡、东西部市场需求不均衡、城乡市场需求不均衡。电商平台的发展能够起到消除三方面不平衡的作用。

一是消除市场结构不均衡。我国即将成为全球第一大消费市场，但在14亿人口所形成的超大规模内需市场中，包含4亿中等收入群体，同时还有6亿中低收入人群。以数字化平台为基础推动外贸转内销，通过工厂直供提供高品质、低价格的商品，能够为低收入人群带来品质生活。通过破除阻碍供需有效匹配的痛点和堵点，能够更加彻底地释放现有人口的消费能力。基于一个拥有14亿人口、9亿劳动力资源、1.2亿市场主体的超大容量，打造出一个统一的、体量巨大的网络空间市场。

二是消除区域市场不均衡。我国还存在东西部区域之间的发展不平衡。扩内需的成功，离不开西部地区内需的扩大，也离不开庞大的县城、农村地区，要在这些市场中拓展出空间和可能性。在数字经济时代，企业的成长可以突破地域和空间的限制，以"平台"为主要组织形式，理论上可以覆盖整个网络空间。在网络市场上，消费者的知情权和获得权将变得平等，不存在东西部消费者之间的差异，西部地区的消费者也能够便利地获得东部产业带所生产的优质产品。

三是消除产品品质不均衡。在传统零售模式下，一、二线城市和三、四线城市的消费品之间可能存在品质差异。收入水平决定了消费差异，大部分三、四线城市消费者对价格最为敏感，对质量不做太多要求，达到"物有所值"即可。中高收入人群虽然增长迅猛，但占比仍然有限，且主要分布在一、二线城市，很多领域的高品质消费需求还没有形成规模效应。电商平台通过在核心产业带的深度渗透，最大限度地聚集来自全国产业带的优质优价货品，能够给下沉市场的消费者带来品质生活，满足他们的美好生活需要。

中小型制造企业与下沉市场需求有高度的匹配性。由三线及以下城市、县镇与农村地区构成，"下沉市场"人口多、地理范围大且分散，传统方式的流通服务成本高，是电商平台发挥作用的重要区域。较一、二线城市而言，下沉城市的收入结构、生活方式、工作节奏以及文化娱乐都有所不同，其最显著的消费特征就是对价格高度敏感，关注"品质"和"实惠"。因此，低价、快捷、去中间环节成为在下沉市场增长最快的移动互联应用。极致性价比不一定意味着低端产业或者低利润，下沉市场并不等于消费降级。我国中小制造企业，尤其是一些外销型企业按照国外经销商的技术规范代工生产，具有世界一流的生产工艺和质量检测体系，产品品质具有充分保障。电商平台对接外销型制造企业，使其直面国内终端消费者，去掉经销商环节，为下沉市场提供了价格低、品质高的产品。外销型制造企业缺少知名自主品牌的劣势在一、二线城市可能是一个重大阻碍，但在下沉市场也变得不那么重要。特价经济能够唤醒下沉市场巨大的消费升级需求，帮助内循环实现产业升级，但内循环更需要甄别落后产能，不能为了内循环而产业降级。用新供给满足新需求，电商平台不是过于依赖补贴陷入低价促销的恶性循环，而是在品质、信用和效率的基础上，唤醒下沉市场巨大的消费升级需求。

商务部电子商务和信息化司发布的《中国电子商务报告2019》显示，下沉市场的电子商务活跃用户规模接近4亿人，占移动电子商务活跃用户总数的57.4%，日均使用市场突破1小时。自2017年开始，每年淘宝天猫平台超过1亿的新增用户中，70%来自下沉市场。电商平台与产业带和外销型制造企业的联合激发出下沉市场的巨大潜力。大量消费者通过拼多多等电商平台买到了低价高质的产业带"大厂好货"，电商平台为中小企业提供了更加广阔的市场。

三、电商平台驱动产业带中小制造业企业转型的路径

中国制造的竞争力来自完善的产业集群、较高水平的加工工艺、稳定的供应链。当这批工厂抓住了数字经济发展的历史机遇，通过和电商平台深度创新后，中国制造就会变得更加有弹性，对市场反应更加灵敏。电商平台驱动产业带中小制造业企业转型路径涉及平台赋能、生产者赋能和消费者赋能三个方面。

（一）平台赋能：激发商业活力

作为数字化平台，以淘宝特价版、拼多多、京喜等为代表的电商平台基于长期沉淀的数字化能力，能够为产业带工厂提供全方位的综合赋能。第一，精准匹配需求。采用用户直连制造（Customer to Manufacturer，C2M）模式，电商平台把消费者和外销型制造企业连接起来，将低价格高品质的外销产品带给国内消费者，实现产销匹配。电商平台通过对消费者的信息进行搜集、整合，从中分析出消费者的需求状况，指导工厂组织更精准地生产备货，大幅提高生产和销售效率。第二，数字技术赋能。电商平台通过 C2M 模式，广泛连接产业带工厂生产经营各部门、各环节，通过"数据+算力+算法"的机制助力企业在品牌、制造、组织、销售、渠道、供应链等各个环节实现数字化转型，并以数据为驱动力改善经营活动的精准性、敏捷性。第三，流量价值变现。电商平台拥有巨大的互联网流量。电商平台的"零门槛"入驻政策和流量支持，给外销型制造企业打开了巨大的内销空间，带动产业带工厂在电商平台上率先复苏。电商平台通过创立工厂直购节、1 元购物节等活动，既能满足消费者追求"超高性价比"诉求，又能帮助外销型制造企业以"薄利多销"打造爆款，快速打开国内市场。以淘宝特价版、1688 等工厂直销平台掀起的"特价经济"新风潮，正成为产业带工厂复苏的重要推动力。

（二）生产者赋能：升级产业链

我国外销型制造企业普遍具有较高的生产工艺和先进的管理水平，但由于长期以外贸代工为主，缺少自有渠道、没有知名品牌，处于全球价值链的低端。借力电商平台出口转内销，有助于推动我国外销型制造企业和产业带转型升级，在畅通国内大循环中发挥更重要的作用。一是重塑现代产业链。在同一生产线上按照相同标准、相同质量要求生产既能出口又可内销的产品，对接国内供应链、商品链、价值链、创新链，不断熟悉市场、完善渠道、提升品牌。依托电商平台实现外贸转内销建立起产业集群（产业带）型与虚拟集聚两种工业体系之间的联系，促进产业链现代化。二是扶持中小微企业。中小微企业是我国制造业的基础，大批中小企业扎堆一个区域形成了数以千计的"特色制造小镇"，甚至产业带。由于自身体量小、抗风险能力弱，在疫情中受到的打击更加明显。在电商平台的支持下，产业带内的中小企业"抱团取暖",快速恢复销售。三是创新升级销售模式。电商平台作为促进供需匹配的高效渠道,不但是出口型制造企业转内销的短期"救急"销售渠道,而且能够成为长期开拓国内市场的主阵地。四是构建内外双循环。电商平台能够以极低的成本、极快的速度弥补外销型制造企业在供应链、销售渠道、国内消费产品开发上的短板和缺陷,是当前实现外贸转内销最有效的途径之一,同时也是未来我国外销型制造业实现转型升级、孕育自主品牌、实现内外双循环的重要支撑。

(三) 消费者赋能:提升消费体验

国内消费市场仍然存在信息不对称和供需不匹配等问题,大型电商平台赋能外销型制造企业转内销有助于消除国内消费市场的不对称和不匹配,提升国内消费者价值。第一,促进消费复苏。通过大型电商平台的对接,外销型制造企业空闲产能正好与国内市场消费者追求"低价好货"的转变不谋而合。国内消费者以较低的价格获得高品质的各种生活用品,在预算收紧的情况下保持实际生活品质不下降甚至还有所提高,在宏观上促进了国内消费的复苏。第二,满足多元需求。随着消费者越来越追求个性化的消费体验,市场变化趋势变得越发难以预测。电商平台掌握海量用户消费数据,能够准确洞察消费需求特点及其变化趋势,为企业经营决策提供精准的指导,不仅让外销型制造企业为国内消费者提供更多产品选择,还能帮助企业提前做好商品的生产和备货,使新出现的需求得到及时满足。第三,升级消费体验。电商平台与外销型制造企业的协作不仅能够有效降低消费者搜寻成本,最大限度地减少中间环节让利国内消费者,而且把极致性价比的"低价好货"带给国内消费者。第四,创新消费场景。外销型制造企业通过电商平台转内销,不但适应了疫情防控期间零售由线下转向线上和无接触经济发展趋势,而且随着直播电商兴起,企业家、车间经理、品控技术人员甚至一线工人都能够通过直播带货自己生产的产品。

四、促进传统产业带中小制造业企业转型的建议

企业在特定地理范围的高度集聚或产业集群能够降低运输成本和交易成本、深化分工、促进创新,成为竞争优势的重要来源。新一代信息网络技术发展所形成的新型通信手段、互联网平台极大地降低了物流和运输成

本、交易成本、信息匹配和选择成本、集聚的拥塞效应，集聚的知识溢出不再依赖于地理邻近性，进而使产业集聚的范围、内容和形式发生重大改变，传统的地理空间集聚的重要性下降，基于互联网的新一代信息技术与实体经济深度融合的"虚拟集聚"的影响力不断凸显（王如玉等，2018）。下面我们从三个方面提出释放"虚拟集聚"效应，促进传统产业带转型的相关建议。

（一）促进电商平台和产业带中小企业的深度整合

线下要"分工"，线上需"整合"。随着社会分工的逐步深化，很少企业是高度垂直一体化的，而是聚焦于自己最擅长的领域。由于企业的供应链、价值链跨越不同的环节和企业，存在着环节间联系薄弱、数据共享不畅等问题，数据价值无法得到充分的发挥。电商平台就如同一个生态共同体，推动跨产业互联，建立全价值链、全商业生态的环节之间的连接，实现经营数据的贯通与流动。产业带工厂需要与供应链物流企业建立连接以掌握物料和产品的准确位置，与零售企业建立连接以掌握产品库存、销售情况并据此调整生产，所有的这些努力都需要一个数字化平台来进行整合完成。

传统的抽样调查方法难以准确掌握用户需求和偏好，更难以对用户的需求变化做出及时的响应。电商平台沉淀了海量的用户资源，并能够对用户做出精确的画像。如果打通二者的数据连接，就可以为消费者生产提供个性化、定制化的产品和服务，实现精准的供需匹配。因此，电商平台的价值在于通过数字化让更多的生产要素发生连接，用数字化技术提高工厂生产效能，在提高品质的前提下，降低商品价格。

（二）释放特价经济的力量

特价经济对于推动供给侧结构性改革、助力中国制造转型升级、增强中国经济韧性、满足人民群众的美好生活等有着非常重要的意义。性价比、下沉市场并不意味着价格战，也不意味着假冒伪劣。中国经济的发展离不开"扩内需"，打造美好生活离不开"性价比"，迈向小康社会不仅仅要满足4亿中等收入群体需求，6亿中低收入群体需求也不可忽视。如果说中等收入群体需要的是"品牌"，那么下沉市场需要的就是"品质"，尤其是物美价廉的性价比产品。打造特价经济，不但能够带动外销型制造企业实现

"转内销"，还能够激活庞大的下沉市场。消费是最终需求，特价经济能够真正通过"扩内需"，以及"畅通三个循环"，助力形成强大的国内市场，促进消费扩容提质，让消费成为经济增长的永久动力。

性价比是特价经济的基石。质量非常关键，商品的定价一定是遵循市场规律的，如果是一味的低价格，过度依赖广告营销，那么制造端就会压缩成本，导致品质不可控。因此电商平台也不能单纯以"卖货"为导向，为了争抢存量市场，产业带商家就只能陷入成本战、价格战的泥潭，那些单纯以低价为标榜的平台不可能真正解决产业带商家的长期问题，反而只能加剧低端竞争和恶性竞争。

(三) 树立中小企业特色品牌形象

新冠肺炎疫情直接冲击线下零售，企业被迫重新审视数字化渠道的意义。在此过程中，与外需、线下市场关系密切的传统劳动密集型产业，如何借助数字化的方式实现从"贴牌"到"品牌"的战略转型至关重要。针对下沉市场的需求，电商平台借助对消费需求的洞察，倒逼产业带工厂实现反向定制，帮助大批外贸工厂实现出口转内销的转型。很显然，降价清库存只是一时的救命稻草，摸清国内消费者的喜好、做出适合内需的高品质产品才是外贸工厂持续生存的法则。平台拼购形成了少库存、高订单、短爆发的模式，不仅能迅速消化工厂产能，还能帮助生产厂商通过"现象级"爆款迅速赢得消费者的信任，树立品牌形象。

外贸转内销不等于外贸商品倾销，不等于流量、不等于低价。中国制造能力十分强大，只要价格足够低就能够吸引大流量。平台提供数据给产业带工厂，但是工厂绝对不是大平台的"贴牌"生产方。拼购模式不是大批量、大规模化、流程固定的流水线制造，不是以价换量，如果产业带厂商失去了自己的品牌和利润，赔钱帮助平台吸引流量，它们也不会融入"特价经济"生态，不会主动实施数字化和柔性生产线的改造。电商平台与产业带工厂的关系不只是平台帮助销售卖货，电商平台的价值在于打造一个"投资有回报、产品有市场、企业有利润、员工有收入、政府有税收、环境有改善"的经济社会环境。通过这次外贸转内销契机，不仅是卖货和去库存，而且是孵化和推动一批中国制造品牌走向前台，走向国际。

第九章
信息网络技术驱动制造业生产效率提升

> **信**息网络技术将在很大程度上成为我国制造业转型升级的有力助推器，通过信息网络技术的大量应用和普及，制造业企业的生产效率得以明显提升，这种作用的发挥主要体现在四个方面，包括产业链协同性提升、生产方式改变、生产技术应用、用户深度参与企业设计制造等。

一、产业链协同提升生产效率

在信息网络技术的驱动下，制造业的整个产业链协同能力将得到提升。这体现在两个方面：一是产业链的垂直整合能力增强，上下游关系更加紧密、高效；二是产业链的横向互动能力增强，跨界融合、多产协作成为更普遍的趋势，成本共担、利益共享成为可能。

（一）垂直协同

信息技术应用于企业产品生产的全生命周期管理，形成数字化和智能化的供应链，帮助企业实现效率和效益的提升①。在企业内部，从产品研发到生产组装、产品销售、售后服务的整条链上，因为信息技术的作用，其协同性得到明显提升。在企业外部，企业与供应商，供应商与供应商、分销商、服务商等利益相关者的关系也变得更加紧密。供应链的信息化、网络化、立体化从根本上促进了制造业生产模式的转变。企业成员、上下游、

---

① 邵婧婷，贺俊. 数字化、智能化时代的企业价值链重构［R］. 中国社会科学院工业经济研究所内部报告，2019.

客户都会扮演更加积极的角色，实现无缝对接。

从企业内部价值链来看，信息技术的引入改变了传统组织结构，正三角组织结构逐步变得扁平化，甚至成为倒三角结构。这主要得益于信息技术的介入，使管理人员能够直接管理的下属数量增加、员工生产率提高，从而管理幅度增大、冗余人员减少，组织层级相应减少。基层员工发挥着越来越重要的作用，一线员工处于顶层，直接面对市场和用户，自主决策；原有的高层领导到达底部，"退居后位"，减少对员工的命令，而更多地扮演一种"支持者"的角色，负责为基层员工提供资源和平台，如图9-1所示。在新的组织结构下，企业信息流、物流、资金流循环更加顺畅，信息失真减少，效率提升。

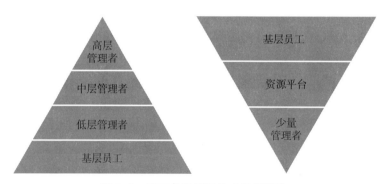

图9-1　正三角和倒三角式组织结构

随着组织结构的转变，企业内部运作流程也发生了微妙变化，传统的串联式流程逐步向并联式流程转变，如图9-2所示。传统串联式流程每一个环节都是为上一环节服务的，唯一目标就是将设计图纸转化为实际产品，再推送到顾客面前。而在随着信息技术发展起来的定制化和个性化生产模式下，制造企业中的每个人都要直接面对用户，直接向用户负责。大量的数据进行传递、大量的信息进行沟通，保障了并联机制的运行，而信息技术的发展恰好为数据和信息的传递沟通提供了可能，成为加速组织由串联向并联转换的动力机。

从企业外部来看，信息技术在增加产业链协同中也发挥着重要的作用。数据越来越成为重要的生产要素，甚至是最具附加价值的要素，而数据背后所蕴含的价值必须在共享和分析中才能体现，这就是信息网络技术发挥作用的最关键地方。独木难成林，分散于供应链上下游的各种数据如

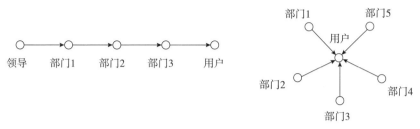

图 9-2 串联式流程和并联式流程示意

果只存在于各自的数据库里，就仅能在企业内部发挥有限的作用，而一旦实现了互联互通、共享共用，企业的运作效率和产品价值就会成倍地提升。

通过制造企业与供应商、分销商、服务商之间共享数据，产品生产的精细化程度达到更高，其灵活性也更加明显。供应链上下游本来线性、僵化的关系变得立体和更加互动，从一个企业的数据节点可以了解供应链其他节点的相关数据，数据单向流动也变为多渠道双向、多向流动，供应链环节和节点之间的互动更加频繁，需求共同提供，方案共同设定，成本因协同而降低，利益因溢价而提升，这些都在信息网络技术的驱动下成为可能。

很多产品生产者已不再是单个企业，而是众多企业所构成的"供应链体系"，协同生产逐渐成为主流[①]。主要生产企业与原材料供应商、零部件供应商、经销商、物流商的联系更加紧密、频繁。供应链成员在做决策之前，需要对需求进行预测，不准确的预测会导致库存增加或者缺货严重，而各成员之间的协作可以明显增加预测的准确性，从而使生产过程更加精准、流畅，信息网络技术使这种协作变得方便、可行，所有主体因为协同而受益，减少资源（包括时间）浪费，提高生存能力。

（二）横向协同

信息网络技术的推广应用，使跨界颠覆、跨界融合变得更加频繁，原本分属不同领域的企业因为信息技术水平的提升而产生越来越多的联络，

① 白云山科技. "智能制造"第一关：企业如何实现"供应链协同"？[EB/OL]. https：//www.sohu.com/a/363708699_446710.

平台企业和平台商业模式正在成为发展主流，商业生态系统的构建成为诸多大企业追求的最终目标，"集大成者得天下"似乎正在成为企业的信条。

生态系统的构建，一方面可以给用户带来更好的体验，产生锁定效应；另一方面又可制造垄断市场，使已有利益格局难以被打破。其中所带来的丰厚利润因而就成为各大企业竞相追逐的目标。而商业生态系统的构建，背后主要依赖于产业链的横向协同。原本是相互竞争、互不干涉的企业，因为横向集成而变得有交集，甚至不同产业领域的企业也可能因为加入某种生态系统而与其他产业产生某种联络。

比如小米生态系统，小米企业本身以手机生产为主营业务，但发展到一定地步，横向集成便开始发生。主要得益于互联网、移动互联网技术的发展，以及机器学习和大数据的突破，以"小爱同学"为总开关的生态系统构建开始成为可能。所有家用产品信息开始在"小爱同学"这里集成，小米成为一个智能家居生态系统的"产业链主"，原本分属不同行业领域的电视、空调、净化器、扫地机器人等生产制造商，在小米这里实现了集成，各自成为一个生态服务系统中的一员，共同服务于某个用户，成员可能会动态更换，但生态系统却永久存在。

这样的横向协同确实给原本孤单的制造企业带来了新的利润。企业有机会更加专注于自身的制造环节，把产品做到极致，因为生态系统的存在，对于销售和维护，变得更加便捷、高效，品牌价值也因为利益捆绑而提升。单链条式销售变成网络化式共享，加入系统的节点越多，每个产品的价值就越高，从而形成一种多节点（产品和企业）相互促进、共同提升的局面。不同产业链上的主体，因为横向集成和协同，形成了一种互为保障、互为宣传、荣辱与共、竞争中合作、合作中学习的新型关系。这在信息网络技术不发达的过去，是很难想象的。

二、生产方式改变提升生产效率

信息网络技术与制造业结合，推动了制造业生产方式的不断转化。所谓"两化融合"就是信息化与工业化的融合，主要体现在信息网络技术在制造业领域的应用。从我国的发展历程来看，这一过程大致经历了五个阶段①，如图9-3所示。

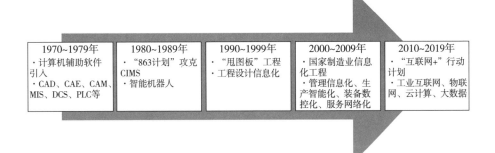

| 1970~1979年
·计算机辅助软件引入
·CAD、CAE、CAM、MIS、DCS、PLC等 | 1980~1989年
·"863计划"攻克CIMS
·智能机器人 | 1990~1999年
·"甩图板"工程
·工程设计信息化 | 2000~2009年
·国家制造业信息化工程
·管理信息化、生产智能化、装备数控化、服务网络化 | 2010~2019年
·"互联网+"行动计划
·工业互联网、物联网、云计算、大数据 |

图9-3　中国信息网络技术在制造业中的应用历程

资料来源：根据中国社会科学院工业经济研究所内部报告资料绘制。

第一阶段发端于1970~1979年，主要形式是由政府主导计算机辅助软件的引进和开发，包括CAD（计算机辅助设计）、CAE（计算机辅助求解复杂工程）、CAM（计算机辅助制造）、MIS（管理信息服务器）、DCS（数据传输系统）、PLC（可编程逻辑控制器）等，实现了初步信息化应用。第二阶段集中于1980~1989年，通过"863计划"攻克CIMS（计算机集成制造系统）和智能机器人。第三阶段是1990~1999年，发起"甩图板"工程，将工程设计网络化、信息化，引发了企业信息化的普及高潮。第四阶段是2000~2009年，实施制造业信息化工程②，推动传统制造业信息化改造。第五阶段是2010~2019年，实施"互联网+"工程，大力推动工业互联网技术发展，推动制造业从大规模生产向大规模定制转变。

从人类工业化发展历程来看，制造业生产方式先后经历了纯手工制作阶段、机械化辅助生产阶段、大规模流水线作业三个阶段，随着信息网络技术的发展，大规模定制越来越成为现实。大规模定制或大规模个性化生产成为最新阶段的生产方式。如图9-4所示，以横轴代表制造产品的个性化设计程度，以纵轴代表制造产品的规模化生产程度，可以明显地看到这四种生产方式的特征。

---

① 黄亚娜．中国工业自动化的发展［R］．中国社会科学院工业经济研究所内部报告，2019.

② 全称为"制造业信息化关键技术研究及应用示范工程"。

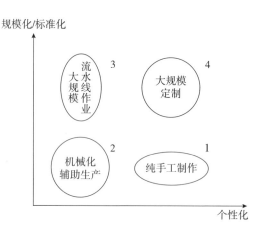

图 9-4　企业生产方式演变

如图 9-4 所示，本质上来讲，制造企业生产方式的转变始终在个性化和规模化两个维度上寻找平衡：纯手工制作每件产品都是独一无二的，个性化程度极高，但产量很低；机械化辅助生产增加了产量，使产品的标准化程度增高，但个性化减弱，只能获取部分个性化；大规模流水线作业则极大地提高了产量，使生产成本变得极低，生产周期极短，但是几乎不能提供个性化需求；最后到大规模定制，最终找到两者的一个很好的平衡，在大规模生产的同时满足个性化需求。

大规模定制的本质就是以细分市场的客户需求为导向，通过模块化生产来提供个性化程度较高的产品。这种生产制造方式兼顾两条逻辑：一是客户价值需求创造逻辑；二是企业标准化逻辑。首先，它以客户需求为起点推动价值创造，从企业有什么转向客户需要什么，乃至用户体验是什么，相比大规模生产，它更尊重客户的个性化需求，为每一位客户提供最大化的附加价值。其次，它考虑生产技术体系和企业运作成本，相比纯手工制作模式，大规模定制不仅考虑个性需求，而且还力求实现规模经济效益，通过模块化设计、标准化技术，使自身保持较短的交付周期和较低的生产成本。两种逻辑结合起来，使企业在为顾客创造更大价值的同时，自身的收益也得到了提升。

在大规模定制的初期阶段，主要以柔性生产系统为基础，微电子技术、机电一体化技术、计算机技术的普及为其提供了技术基础，继而 PLC、数控、运动控制器、变频器、伺服驱动、工业机器人等一系列互补应用得以诞生。在生产管理上，ERP、PLM、MES 等高级生产管理信息化系统被广泛采用。二者结合，使企业可以根据客户需求，进行模块化设计，然后柔性、敏捷地制造出产品。

在大规模定制的高级阶段，大规模定制进一步深化为大规模个性化生产①。相比定制，个性化的产品差异更加明显。"定制"主要基于模块化，客户仍然属于被动选择，可选择的范围相对较小，就像在有限的选项中选择某个答案。"个性化"生产则赋予客户甚至用户更大的主动权，用户的体验成为第一牵引力，用户的需求不再单单是对企业的要求，而是成为企业的创意来源②。具体来说，两者的对比如表 9-1 所示。

表 9-1　大规模定制生产和大规模个性化生产方式的对比

	大规模定制	大规模个性化生产
面向群体	企业客户、分销商	个体用户
消费端作用	提要求	提供创意
企业设计	做选项	吸纳创意
用户身份	使用者	生产消费者
生产基础	柔性系统、模块化	工业互联网、信息物理系统

资料来源：笔者整理。

随着信息网络技术的深度应用，大规模定制或大规模个性化生产的效率进一步提高，这主要体现在：一是产品需求更加明确，对需求的变化把控更加及时、准确，这减少了企业生产计划的调整时间，从而减少了供给延迟。二是信息更加流畅，使工厂布局、作业规划变得更加机动灵活，对设备的采购也更加精准，从而使产能和产品质量得以提升。三是生产精细化程度提升，产品的产量控制更加科学合理，从而减少库存，降低库存成本。四是工业互联网、物联网、大数据等新型技术的应用，使信息采集更加便捷，数据分析更加准确，设备感知能力更强，从而使更换、维护成本降低。最后，由于顾客满意度的提升，继而对企业品牌的忠诚度也大大提

① 李浩，陶飞，文笑雨，王昊琪，罗国富. 面向大规模个性化的产品服务系统模块化设计 [J]. 中国机械工程，2018，29 (18)：2204-2214，2249.
② 何玉安，夏明火. 基于"工业 4.0"的大规模个性化生产模式研究 [J]. 制造业自动化，2021，43 (1)：25-29.

升，这给企业带来更为丰厚的利润，企业的盈利能力会增强。

三、生产技术应用提升生产效率

信息网络技术的推广应用带来企业生产技术的革新，信息技术（IT）与运营技术（OT）在生产制造中实现融合，促进管理效率的提升，制造过程也变得越来越信息化、自动化、智能化。智能工厂、无人工厂逐渐走向实践，成为现实。

当前我国制造业企业的产品研发和制造主要存在以下几个问题：一是数据主要依靠人工管理，没有实现数据集成，技术检索复杂，很多资料需要手动更新，费时而且错误率高；二是研发设计与工艺部门之间信息沟通不畅，设计数据转化为生产数据需要二次输入，而且零部件通用化程度差，极大阻碍了技术进步和成本降低①；三是在制造上，随着产品模型复杂程度的增加，完成一项业务所涉及的模具和加工作业变得越来越多、越来越复杂，企业的应对能力明显不足。通过采用更多的信息网络技术，这些问题得以缓解或解决。

新生产技术应用对生产效率的提升，主要体现在产品研发设计、零部件制造、产品组装和制造、生产管理等方面。

（1）在产品研发设计方面。产品配方辅助设计平台，可通过建模的方法建立数学模型库，并把企业积累的生产经验建立知识库，最后用CAD/CAM技术将模型库与经验库结合起来，形成整个产品配方辅助设计平台，帮助研发人员进行信息化设计。智能工艺决策系统，综合大量基础工艺记录和数据，引入模糊评价和决策推理技术，在程序中结合工艺专家的经验加入判断、逻辑、推理，帮助决策者将研发设计快速转化为合适的工艺方案，提高决策速度和智能程度。指标预测报警系统，可提前预测产品理化指标的变化情况，减少因为指标波动而产生的经济投入，节约研发成本，稳定产品质量，并促进整个行业的技术进步。共性技术甄别系统，通过绘制技术图谱辨识技术各层级之间的传递关系，继而通过对多种技术图谱进行聚类分析，有效甄别出共性技术特征，提高研发效率。知识产权管理系

① 孙帅. 浅谈产品全生命周期管理系统在制造业应用的必要性 [J]. 黑龙江科技信息，2016（23）：295.

统，帮助企业制定和实施知识产权管理战略，进行专利规划、申请、互换、科技情报分析和对外合作，形成多层次、立体的知识产权管理网络，保护企业核心技术。

（2）在零部件制造方面。3D打印成为最新的零部件制造技术，它集光机电、计算机、数控、互联网以及新材料于一体，以数字模式文件为基础，运用粉末状金属、塑料等可黏合材料，通过逐层打印的方式来制造零部件。在初始阶段，受制于通信技术无法提供低时延和高速率的数据传输，3D打印的主要应用仅限于原型制造。随着5G和F5G技术的发展，3D打印技术已然成为当今制造业企业生产过程中重要的组成部分，无论用于研究、原型制造还是打造独特及已停产的零件，3D打印都不可或缺[1]。虽然3D打印并不会取代大批量生产，但能够实现按需打印零部件，这是其魅力所在。利用这项技术可以在几小时内打印并获得零部件成品，无须大批量采购原材料，客户可在当地快速完成采购，这将大幅减少企业的库存量甚至实现零库存，缩短企业的投产准备和反应时间，同时提供即时按单生产的机遇，制造业企业可以实现真正快速的原型制造、小批量生产、大规模定制等。通过3D打印技术，还可以提前建模，与一个或多个系统相连，实现更智能的创新，在产品真正被"打印"之前，可以随时、快速地改变性能，识别潜在风险，相比简单制作模型，显然可以保证更好的产品质量。

（3）在产品组装和制造方面。"工业4.0"战略成为众多制造业企业追求的目标，以CPS（信息物理系统）为核心，以智能工厂和智能制造为主题，以人工智能、物联网、大数据、云计算、虚拟仿真技术为支撑，实现低成本、高质量产品制造，从而提升企业的核心竞争力[2]。人工智能技术使设备自我调整、自我决策、自我控制，并且不同设备之间可以相互协作、互联互通、相互共享，让制造过程变得简单、省时省力，节约大量人力和时间成本。物联网技术通过射频识别、条码识别、智能传感器等，将设备信息、生产中的实时动态数据传入互联网，使生产过程变得数字化、透明化，实现人与物之间的智能化识别管理和物与物之间的智能化决策控制。大数据技术主要用来采集指数级增长的数据并进行分析，经过自动采集和

---

① 郭涛. 亚洲制造业采用3D打印技术 [J]. CAD/CAM与制造业信息化，2015（6）：26-27.

② H Lasi，H G Kemper，et al. Industry 4.0 [J]. Business & Information Systems Engineering，2014，6（4）：239-242.

甄别，保留和存储对企业生产有用的数据，为进一步挖掘数据背后的价值提供基础①。云计算技术主要用来对大数据进行深度挖掘和分析，它主要采用分布式计算和信息资源共享理念，为企业提供便捷快速、稳定可靠、经济实用的数据分析服务，帮助企业在制造中提高产品附加价值。虚拟仿真技术主要用于虚拟设计和虚拟制造，在产品未正式生产之前，先在计算机系统中进行模拟，以发现问题和预估效果，可以根据客户需求快速验证和多次优化，保障正式生产的效率和质量。

（4）在生产管理方面。一是采集生产过程中机器运行的状态和产量数据，实现设备数字化、可视化，提高对设备的监测效率。二是利用智能分析系统对设备利用率（OEE）、装配时间等指标进行分析，挖掘背后的闲置空间、利用效率，动态调整，减少衔接时间、调换时间等，使地产能得到最大化利用。三是对与生产相关的物料、工具进行管理，提前谋划，全面布局，使整个生产系统保持协调、高效，减少资源浪费。四是对产品装配订单进行调度，运用信息化手段解决人力无法完成的调度问题，产生智能化订单分配，根据当前及未来的订单状况，及时调整生产进度。五是生产过程质量控制，借助 SPC 等质量控制工具，用数理统计方法及时发现和预警系统性偏差，及时纠偏以保证稳定产出。六是产品质量追溯，对每件产品进行编码，储存生产线周期上的所有信息，可做到一物一码，随时可以调用查询该产品的所有生产信息，包括原材料来源、某一流程的加工负责人等，确保每一环节都有责任人。七是高级计划和调度（APS），以信息化智能化手段应对生产信息复杂度和规模性成倍提升的问题，快速给出生产进程安排计划，从多品种、小批量的全局考虑，做到离散产品生产的系统化。八是人力资源调度和计划，即根据生产进度安排对人员进行合理分配、动态调整，做到人力成本最优下的产能最大化。九是订单跟踪，对订单的来源、进度、去向、完成情况等进行自我评估，实时动态跟踪企业运转况，帮助决策者掌握企业情况做出未来计划等。

---

① 焦洪硕，鲁建厦. 智能工厂及其关键技术研究现状综述 [J]. 机电工程，2018，35（12）：1249-1258.

四、用户深度参与提升生产效率

信息网络技术降低了信息壁垒，打通了信息渠道，促使技术—经济范式由 B2C 转变为 C2B，通过赋予需求侧用户参与价值创造的机会，间接地促进供给侧生产效率的提升。在传统工业经济时期，产品价值沿着研发设计、原材料、生产加工、销售等环节向客户线性传递，产品同质性较高，消费者可选择性较差。在信息时代，消费互联网将用户和制造企业连接起来，用户的可选择性大大增加，这促使用户的消费偏好发生转变，更多用户倾向于选择与自身最为匹配的产品，性价比和质量不再是用户消费时考虑的首要因素。在这种情况下，企业不得不重点考虑用户的个性化需求，不得不更加注重用户在产品价值创造中所发挥的重要作用，用户参与产品价值创造成为自然而然的事情。

信息网络技术的发展，让这种用户深度参与产品价值创造真正成为可能。企业通过打通信息渠道、降低信息壁垒，使信息获取和传递成本大大降低，同时又有效地连接了用户和企业，使精准、快速和全面地获取用户需求信息成为可能。用户信息作为用户参与制造业价值创造的关键要素，有两个来源：一是以"企业—平台—用户"信息循环为代表的消费互联网，二是以"设备—产品—终端"信息循环为代表的工业互联网。消费互联网使用户和企业在平台上进行产品和信息交换，企业获取用户体验和感知信息，以及由平台处理后的基于行为监测的用户偏好和需求信息；工业互联网使用户通过终端设备主动上传信息，或者通过终端设备自动检测用户和关联产品的使用状况，进行技术处理后获得深刻的数据洞察。最后，基于深刻数据洞察的即期分析和远期预测成为企业可利用的新方式，前者通过定向设计和指向性改进而加快产品面世；后者则通过精准式决策和前瞻式部署化解需求不确定性。两者结合促进制造业企业生产效率的提升，其整个逻辑如图 9-5 所示。

（1）从定向设计提高产品面世速度方面来看，首先，用户参与设计使产品的针对性更强。用户深度参与对应的是大规模个性化生产，企业为用户提供的是个性化的产品，而这种产品的设计方案中融入了用户自己的个性化贡献，正因为是按照用户的意愿来设计的产品，因此产品与用户的契合度更高，减少了产品的修改返工时间。

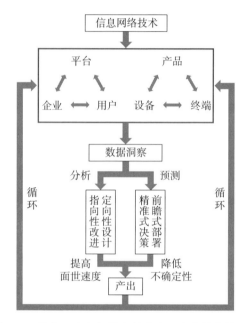

图9-5　用户深度参与提高制造企业生产效率的逻辑

其次，用户的参与使产品设计的创意更多。用户为企业贡献了更多的产品创意，这弥补了企业研发人员不足的局面。有一些产品是针对特定用户而设计和制造的，但更多的产品设计会进入企业的创意数据库，增加产品的可选品类，在企业的产品从创意到工艺设计再到生产的过程，充足的数据库可以减少创作和设计时间。甚至企业还可以利用 DIY（自己动手）体验方式，完全地获取用户创意，增强自身的研发能力。

再次，用户参与缩短了产品的创新周期。通过对大量用户信息的处理和分析，企业得以定位用户群，同一群体中的用户具有相似或相同的产品偏好，基于用户群的鲜明特征，企业围绕异质性小群体进行个性化定向设计，创新目标的明确性将缩短产品创新周期，产品得以快速面世。此外，由于用户围绕偏好产品具备不同领域的知识，用户参与创新的过程同时也是互补性知识的共享过程，企业通过吸收、集成和利用用户知识，可以进一步提高产品设计的速度。

最后，用户深度参与使产品迭代升级速度明显加快。企业借助信息网络平台实现产品的实时化、微量化指向性改进活动：一是通过对用户信息的处理和分析，聚焦于用户的新需求和既有产品的不足，沿特定方向进行改进或创新（指向性）；二是用户信息的获取、处理和分析过程与产品改进同步交织进行，从产品发布之日起，企业即可基于用户社区或终端设备获取信息，着手于产品改进（实时化）；三是对产品功能、性质、状态等特定方面进行适度改进，无须刻意追求大的变革即可实现产品创新（微量化）。比如，汽车公司的用户可以随时向企业反映汽车驾驶过程中出现的问题以及使用体验，企业通过监测和分析这些数据，可以及时发现设计缺陷并适时改进，从而使产品不断迭代升级，带给用户更好的使用体验①。

（2）从预测分析降低产品不确定性方面来看，首先，预测分析使企业提前了解未来市场的发展趋势。消费互联网和工业互联网获取的海量数据与大数据分析技术深度融合，帮助企业对日渐多样化的用户需求进行分析，为企业提供可预测的需求信息，帮助企业进行精准战略决策。通过对用户偏好、参与方式、购买习惯等数据进行深刻分析，企业可以识别潜在新产品的设计趋势和市场变化方向，基于此进行新产品设计以增加成功发布的机会。此外，企业将更快、更精准地识别瓶颈市场，赶在竞争对手之前进入，占领领先地位，增强目标客户价值获取能力。

其次，预测分析使企业进行前瞻性系统部署。这一方面表现在对生产要素投入的优化上，即企业在对用户数据进行分析的基础上，对材料采购、人员招聘、技术开发等方面进行事前规划，以应对新的需求风口，实现精准设计和快速出货，获得竞争优势。同时，战略性地减少低需求商品的生产投入，在新需求爆发之际，减少库存积压；另一方面表现在对生产流程的调整上，即企业根据新产品设计方案对模块化制造系统进行重组。根据对用户需求的预测，企业可以在较短时间内更换生产组件和调整设备参数，一旦真实的需求发生，企业可以做到有备无患。

最后，预测分析使企业可以构建产品生态系统。企业根据既往用户的需求信息，来做产品关联预测，通过提前预知和准备的方式，企业为目标用户提供相关产品（互补品或部分替代品），通过产品之间的协同作用，增强用户黏性，形成庞大和牢固的用户网络，最终形成一个产品生态系统，使不确定性大大降低。比如，华为公司一方面从企业论坛和社群平台获得

---

① 郁航．用户参与大规模定制的价值共创——基于商品主导逻辑的双案例研究［J］．吉林工商学院学报，2020，36（4）：55-61．

大量关于产品改进和升级的建议；另一方面从终端设备处获得用户的使用习惯，对产品进行不断改建，最终为用户提供了包括电脑、手机、平板、智能穿戴等的产品体系，形成了产品之间相互连接的生态网络，最大限度地迎合用户需求，确保长期稳定有效的需求供给。

第十章

信息网络技术驱动制造业转型的国际经验借鉴

> 自2008年国际金融危机发生后，世界主要国家纷纷出台以先进制造业为核心的"再工业化"战略，如德国"工业4.0"、美国国家制造业创新网络计划等，把以人工智能、信息物理系统、工业互联网等数字技术在制造业中的应用提升到战略高度，以重塑制造业竞争新优势，抢占制造业新一轮竞争制高点。基于此，本章将对世界主要国家利用信息网络技术推动制造业转型升级的政策措施进行梳理分析，以期为更好地推动我国制造业数字化、网络化、智能化转型提供经验与启示。

一、美国：大力促进先进制造业发展

自20世纪80年代以来，在新型工业化国家和地区的有力竞争以及自身服务业高速发展的影响下，美国本土制造业逐步转移到海外，制造业空心化趋势越来越严重。而随着2008年金融危机引发的一系列经济社会问题，美国开始意识到制造业的重要性，并提出"制造业重返美国"和"再工业化"的战略。2009年4月，奥巴马首次提出将重振制造业作为美国经济长远发展的重要战略，强调制造业对美国的重要性，甚至将重振制造业、发展先进制造业提高到事关国家安全的战略高度。为此，美国围绕"制造业复兴"战略部署了一系列措施，大致可以归纳为以下几个方面：

（一）确立优先发展的先进制造技术领域

美国政府提出并实施的"制造业复兴"战略并不是简单的再次工业化，

其核心内容并不是通过促进海外的工厂的回归来恢复传统制造业、做大制造业规模，而是依托其在新材料、信息技术等通用技术领域长期积累的技术优势，加快促进机器人、3D 打印、物联网、数字孪生、量子计算等先进制造技术的突破和应用。美国政府通过利用政府、高校和企业的各类资源，集中力量扶持先进制造业的发展，致力于突破提升产业竞争力的先进制造技术。具体政策内容如表 10-1 所示。

表 10-1　美国出台的部分先进制造业政策

出台年份	政策名称	主要内容
2010	数字未来设计：联邦资助的网络与信息技术研发	指出网络与信息技术（NIT）是美国实力的核心，可以从根本上实现美国优先领域的目标，解决美国面临的挑战，需要重点发展网络物理系统、大规模数据管理与分析、软件开发与演进、高性能计算等技术
2012	美国先进制造业国家战略计划	正式将先进制造业提升为国家战略，完善先进制造业创新政策，加强包括系统接入、标准、过程控制系统、智能机器人、增材制造（3D 打印）、智能制造等"产业公地"建设；优化政府在先进制造业相关研究、开发和应用方面的投资，即加强私人机构和政府投资的协调合作
2014	加速美国先进制造业	提出了先进传感技术、先进控制技术和平台系统，虚拟化、信息化和数字制造技术，先进材料技术为先进制造业发展的三大优先技术领域
2018	美国先进制造领导力战略	重点开发和转化智能与数字制造、先进工业机器人、人工智能基础设施、制造业网络安全等新的制造技术，加快以工业互联网为关键支撑的先进制造业发展

资料来源：笔者整理。

梳理分析现有政策，发现美国先进制造战略优先发展的先进制造技术主要集中在三大领域：一是先进传感、控制和制造平台技术（ASCPM），主要是指用于获取、使用新的产品和制造过程数据的信息技术，研发重点是将感知、监测和控制系统与可拓展的 IT 平台深度整合。二是可视化、信息化和数字化的制造技术（VIDM），主要指从数字化设计环节到生产计划、原材料采购以及定制化生产环节的信息化对接技术，重点解决如何提升供应链效率、缩短产品设计、制造和市场化周期等问题。三是先进材料制造（AMM）。此外，相关机构也通过优先资助来推动关键制造技术的突破。例如，美国国家科学基金会（NSF）连续 14 年将信息物理系统（CPS）研发纳入国家科学基金会资助范围，仅 2019 年该项技术投资高达 8228 万美元。美国政府希望通过加大在这些领域的投入力度，降低制造成本，加快新产品研发速度，提升产品的创新程度，保持美国制造业强国的地位。

（二）完善制造业基础设施建设

制造业基础设施不仅包括企业的生产设备、厂房、原材料等固定资产，也包括技术专利、融资平台、信用等级等无形资产。美国政府高度重视制造业基础设施建设对发展先进制造业的重要性，各级政府，尤其是联邦政府要在基础设施建设上与企业密切合作，引导企业进入政府重点发展行业，并力争在创新产品架构、提高能源使用效率、构建公益性生产数据库、打造规范的技术标准等领域实现突破。

美国在制造业基础设施建设方面的目标是打造服务于国家制造业发展的创新体系，主要政策措施包括：建立国家层面的制造业优先计划，优先发展清洁能源、先进交通工具、健康信息技术等；进一步促进竞争性市场良好发展，如加强出口力度，支持开放性金融市场等；对创新基础设施进行投资，建设公益性的制造业技术分享平台，建立全面开放工业数据库等。其中，最具代表性的是建设"全国制造业创新网络"，使之成为先进制造的重要实施载体。2012 年出台的《美国制造业创新网络计划》（NNMI）提出，遴选 15 项具有前沿性、前瞻性的制造技术，并建立 15 个相应的制造创新中心，形成一个包括全球竞争力产品和采用尖端制造技术的国家制造创新网络，旨在通过联合产、学、相关组织（行业财团、劳工组织、国家实验室等）、各级政府等，共同克服跨领域的技术和产品发展障碍，支持中小企业创新，促进美国制造业的发展。目前，已设立数字制造和设计、下一代电力电子制造、集成光电子制造、智能制造等 8 个研究中心。例如，由美国联邦政府资助建立的"数字化制造与创新设计研究中心"（DMDII）、启动"数字制造公共平台"，其功能定位是数字化制造的开源软件平台，鼓励全社会的中小创新机构、创业者和创客等开发面向不同制造业领域的软件解决方案。

（三）充分激发私营部门的创新活力

企业作为技术研发的主体，通常更具有技术创新的意愿，良好的创新环境对于提升企业创新实力、促进美国先进制造业可持续发展具有十分重要的作用。加强税收减免和加速研发的市场化转换过程是激发私营部门创新活力的重要手段。私营部门在研发方面的投资对于长期经济增长、创造就业和提升生产力都是不可或缺的，因此美国政府提出要拓宽研发税收抵免的政策面，并使其成为永久性政策。此外，加大对高技术行业中小企业的支持力度，帮助这些企业度过艰难的初创时期，同时政府通过资助企业和第三方研究平台加速研究项目从实验室到市场的转化过程，促进私营部门的创新和科学研究①。

（四）加大对先进制造业的财政支持力度

为了加快推进先进制造业的发展，美国政府先后设立"先进技术汽车制造贷款""制造业创新国家网络基金"和"商务部先进制造技术基金"等专项基金，以支持制造业振兴计划的顺利实施。在动用政府资金的同时，美国政府还广泛动员社会资本，鼓励相关企业设立专项基金，吸引制造业企业加大先进制造技术的投资。如沃尔玛在 2014 年宣布设立一个五年期总额 1000 万美元的基金，用于为美国制造业的创新者提供资金，以全面配合美国政府出台的制造业振兴计划。在财政预算方面，美国政府持续加强对先进制造业的支持力度。2012 年，美国财政预算中近 10 亿美元用于建立国家标准和技术实验室、先进制造业联盟等项目，旨在促进制造业工艺和技术的革新。同时，联邦政府还给予国际贸易署和经济发展署等部门专项资金用于促进制造业的创新、研发、贸易和商业推广。此外，美国政府每年均会增加财政拨款，给予美国国家科学基金会、能源部科学办公室和国家标准技术研究院三大基础研究机构在先进制造技术方面的经费支持。

（五）着力提高制造业劳动力技能

为了给先进制造业提供合格的劳动力，美国政府对劳动力教育和培训力度不断加大。政府联合高等院校、研究所与大型企业等相关机构，针对涉及先进制造业的基础知识和相关技术设立相关培训课程，目标是培育出能为先进制造业所用的专业技术人才。培训主要是依托政府基金和项目小组开展的，目前已经实施的政策包括两项：一是设立"社区职业大学基

① 王媛媛. 美国推动先进制造业发展的政策、经验及启示［J］. 亚太经济，2017（6）：79-83.

金",基金规模为80亿美元,用于推进社区大学和企业的对接,为高增长、高需求的产业(包括先进制造)培育200万名高技能人才。这些投入将给予社区大学更多的资源,为当地制造业企业培训最紧缺的技能工人,同时也能使工人获取长远职业发展所需的产业认可度。二是设立"军方认证与认可特别工作组",其目标是为军人创造胜任高技能先进制造工作的机会,帮助具有制造技能或者其他高需求技能的退伍军人获得民用授权和许可,使他们在复员后能够获得更好的就业机会。

二、德国:全面落实"工业4.0"战略

德国在传统制造业尤其是装备制造业和高端制造业领域拥有全球领先优势。而随着物联网、人工智能等新一代信息网络技术快速发展并加速向制造业领域渗透,欧盟、美国、中国等都正在加紧布局互联网技术与制造业的融合。美国积极推行先进制造计划和亚洲新兴经济体快速成长,对德国制造业竞争优势造成了较大威胁。德国国内对于在新一代信息技术与工业加速融合的背景下,能否保持制造业的全球领先地位表示担忧。为此,德国先后出台了《德国高技术战略2020》《数字议程(2014—2017)》《数字化战略2025》《德国工业战略2030》等政策,其目的是通过制造技术和信息技术的融合,维持和提升德国既有的产业竞争优势,确保德国在新一轮科技革命和产业变革中占据一席之地。具体而言,德国"工业4.0"计划的政策和实践主要包括以下几个方面的内容:

(一)以智能化为核心推进"工业4.0"计划实施

"工业4.0"计划的核心是在制造业领域建立虚拟网络与实体物理融合系统(CPS),实现物理世界和信息世界的双向互动,进一步通过纵向集成、横向集成、端到端集成三项集成,全面完成企业内(信息化系统及生产设备)、企业间、价值链、价值网络以及生态系统的集成与协同,实现灵活、高效、个性化、社会化、智能化生产。具体而言,首先需要在制造装备、原材料、零部件以及生产设施上广泛植入智能终端,借助物联网实现终端之间的实时信息交换、实时行动触发、实时智能控制,达到制造业系统智能互联的目标。其次,通过嵌入式制造系统对企业内部所有环节进行纵向集成,以及企业间的横向集成,推动企业间研产供销、经营管理与生产控

制、业务与财务全流程的无缝衔接和综合集成，实现产品开发、生产制造、经营管理等在不同企业间的信息共享和业务协同，驱动整个制造业系统智能化。最后，在制造业智能化的基础上，借助于物联网等新一代信息技术，将智能交通、智能物流、智能建筑、智能产品和智能电网等相互连接，实现国民经济体系的智能化发展。

（二）建立"工业4.0"平台

德国"工业4.0"计划要求装备和产品之间、装备和人之间，以及企业、产品和用户之间实现全流程、全方位、实时的互联互通，这对于智能制造的标准化和参考架构制定提出了更高的要求。"工业4.0"平台为保证"工业4.0"计划的有序推进起到了十分重要的作用。2013年，德国机械设备制造业联合会（VDMA）、德国电气电子行业协会（ZWEI），以及德国联邦信息技术、通信和新媒体协会（BITKOM）联合设立"工业4.0"平台，确定规范与标准、安全、研究与创新三大主题。"工业4.0"平台于2013年4月发布了《工业4.0标准化路线图》，建立了统一的参考架构模型RAMI4.0，为"工业4.0"行业标准的制定提供了概览和规划基础，在参考体系架构、用例、术语与模型、技术流程、仪器和控制系统、服务流程、人机交互技术、开发流程、标准库、知识库等12个领域提出了具体建议。RAMI4.0的本质是从工业角度出发，结合已有工业标准，将以"信息物理生产系统"为核心的智能生产功能映射到全生命周期价值链和全层级工业系统中，突出以数据为驱动的工业智能化图景。同时，升级版"工业4.0"平台持续深入地对标准化问题进行研究，将需要制定的标准进一步聚焦于网络通信、信息数据、价值链、企业分层等领域，加快形成统一的标准并实施，以克服信息技术和制造技术因原理、接口和数据结构等不同而产生的融合困难。

（三）全面优化产业创新环境

"工业4.0"计划虽然重视关键技术的突破，但在商业化阶段更加注重创新环境的不断优化，加速创新成果的产业化，缩短创新商业化的周期。一是积极培育创业精神，为了激发创业活力，德国政府采取的主要措施包括：在高等院校和科研院所营造创业文化，鼓励学术创业；在初等教育、职业学校和高等院校课程大纲中增设创业教育，加大对高新技术企业的金融支持。二是加速创新成果的产业化，德国政府持续支持产学研合作，加速创新成果向市场和终端用户转化，包括加大科研机构和中小企业申请和应用专利的扶持力度，促进学术成果的商业化，继续实施"领先集群竞争"和创新联盟等政策。三是提升中小企业的创新能力，中小企业是德国经济的微观基础，大量中小企业"隐形冠军"是德国产业竞争的软实力，对于中小企业的政策思路是完善中小企业公共服务体系，鼓励中小企业更多地进行中长期研发，形成制度化的产学研合作机制，主要政策措施包括继续实施中小企业创新核心项目和中小企业创新项目，加强公共研究对中小企业的支持力度等。四是加强标准化建设，德国的产业标准体系是促进企业间创新合作、防止恶性竞争的必要制度，有助于持续提升产品质量。为此，德国政府进一步加强标准化政策与研究资助政策之间的政策协调，以标准化促进科研发展。五是提升工人技能，德国政府重视发展职业教育、继续教育和培训以及高等教育等多层次的人力资源开发体系，培育高素质产业工人。针对中小企业在获取技术人才方面的困难，在政策上重点支持培养中小企业青年工程师。六是优化创新采购，德国政府采购资金中用于创新采购的资金高达数百亿欧元，德国政府统筹安排，将其配置于特定的创新解决方案，提高资金管理效益，促进创新型企业的发展，加速创新的扩散。①

三、日本：政府引导制造业智能化转型

日本制造业在"二战"以后经历了广泛而深刻的变革，逐渐占据全球先进制造业产业链高端位置，在精密机械、电器、微电子、汽车制造等领域具有很强的国际竞争力。随着新一代信息技术的快速发展以及美国先进制造业计划、德国"工业4.0"带来的挑战，日本先后实施一系列推进智能制造发展的政策措施，试图通过智能制造引领日本制造业的快速发展。具体而言，日本发展智能制造的战略举措主要包括以下几个方面：

---

①　黄阳华. 德国"工业4.0"计划及其对我国产业创新的启示 [J]. 经济社会体制比较，2015（2）：1-10.

（一）全面落实"互联工业"战略

为解决人口老龄化、劳动力短缺、资源约束等问题，以及应对西方发达国家带来的挑战，日本充分发挥在精密制造、机器人、机床、电子电器等工业制造领域的优势，提出"互联工业"战略，强调通过广泛应用数字化技术，将设备、人、部门、工厂、企业等连接起来，增强各个环节之间的数据联系、企业内外部之间的协作水平，迅速应对高标准、多样化的市场需求。针对由人口老龄化导致的劳动力短缺问题，通过数字化技术将生产工艺、技术"know-how"等知识和经验固化为软件，作为集体的知识灵活使用，解决劳动力尤其是技术人才短缺的问题，从而创造新的附加值和解决相关的社会问题。与其他国家的企业聚焦于内部的互联互通不同，日本重点关注企业之间的连接，试图构建能让所有企业都受益的互联工业体系。

围绕"互联工业"战略，日本政府出台了一系列政策规划，形成多层次、全方位的政策推进机制，加快推动互联工业战略的落地实施。一是加强顶层体系设计，《日本制造业白皮书 2018》明确将互联工业作为制造业发展的战略目标，强调通过运用数字技术实现制造业的数字化、网络化与智能化，提升日本制造业的国际竞争力。二是明确互联工业的发展领域与实施路径，日本经济产业省（METI）提出了"互联工业"五大重点发展的领域，即无人驾驶移动性服务、智能制造和机器、生物与材料、工厂基础设施安全以及智能生活，并且这五个领域都是采取交叉式的各种政策来推进，主要是三类横向政策：①实时数据的共享和使用；②针对数据有效利用的基础设施建设（如培养人才、研究开发、网络空间的安全对策等）；③国际、国内的各种横向合作与推广（如向中小企业的推广普及）。三是完善相关配套政策措施，日本在标准国际化、工业制造的网络安全、数字化人才培养、产业生态建设等方面采取了一系列手段来有效支撑"互联工业"战略的实施，例如，为解决信息技术及人工智能领域的人才短缺问题，日本在 2018~2019 年科学技术政策基本方针《综合创新战略》中指出，要加速发展 IT 及理工科教育，同时强化大学相关学科的人才培养能力，培养掌握数字技术的高级人才[①]。

---

① 王立岩，李晓欣．日本智能制造产业发展的经验借鉴与启示［J］．东北亚学刊，2019（11）：100-110.

（二）在先进制造技术领域设置国家项目进行技术攻关

以 3D 打印机为代表的先进制造技术，使制造方式发生了革命性的变化。3D 打印机可代替精密工作机床，促进生产流程创新和产品创新，还能和网络技术结合起来，形成开放化和分散化的制造模式。各国都在采取措施抓紧开发先进制造技术并促进技术的普及推广。日本在 2013 年颁布的日本复兴战略中规划了 3D 打印机研究开发的国家项目，出台了对 3D 打印机等先进制造技术的投资减税政策，如对部分大学、高中、初中购买 3D 打印机等先进设备，政府补助最高可达购买费用的 2/3。日本经济产业省持续多年把 3D 打印机列为优先政策扶持对象，投资 45 亿日元实施了"以 3D 造型技术为核心的产品制造革命项目"，旨在开发出性能不断优化的 3D 打印机。

（三）构建共性技术开发与应用平台

日本国家投资的技术开发项目主要集中在两类：一是特定领域的新一代技术；二是涉及多个领域的基础共性技术。国家项目开发均采取产学研合作的形式，为技术开发、技术使用的各方组织提供充分讨论、磋商、协商的机会，提高开发效率，加快技术产业化的进程。《产业制造白皮书》（2014 年版）显示，2014 年日本不仅投入 145.5 亿日元用于研究新能源、新材料等技术，而且还大规模投资促进研究成果被社会共享以及与社会需求相结合。如投入 18 亿日元建设纳米技术平台，把有最先进设备和使用经验的研究机构连接起来，为企业、大学以及研究机构提供设备和技术支持。在基础共性技术开发方面，日本近年来致力于构建技术开发与应用平台以促进新技术的普及。如集中日本国内 300 家以上企业的技术，开发出了世界最先进的 X 线自由电子激光装置。

（四）注重企业和公共机构在产业人才培养中的作用

日本复兴战略指出，唯有人才是日本在世界上值得骄傲的资源。随着新一代信息技术的快速发展，对制造业的人力资源提出了知识技能升级的要求。为了促进制造业企业顺利使用新技术、开展新业务，日本制定了"职业培训实施企业补助金制度"，对实施培训的企业，补助培训经费以及培训过程中所支付的工资。日本还通过分布在各地的公共职业能力开发中心、职业能力开发学校，为企业尤其是中小企业采取定制的形式培养人才。

为了提高各职业能力开发中心、职业能力开发学校的培训教员的水平，每年由国家职业能力开发综合大学对教员进行特定领域先进技术、技能和指导技巧方面的培训。

四、韩国：重点推进中小企业智能化程度

韩国是全球制造业较为发达的国家之一，其产业门类齐全、技术较为先进，尤其是造船、汽车、电子、化工、钢铁等部分产业在全球具有重要地位。但近年来，随着国际分工体系的变化，尤其是在来自不断崛起的中国制造业以及逐渐复苏的日本制造业的"夹击"下，当前韩国制造业增长乏力，面临着竞争力下滑的挑战，迫切需要新的发展战略。在此背景下，韩国先后出台了《制造业创新 3.0 战略》《制造业创新 3.0 战略实施方案》等政策，希望通过这一战略的实施，提升制造业的智能化程度，从而巩固其在全球制造业中的地位。

（一）大力扶持新增长动力产业

随着全球电子信息产业的周期性调整，以及新一轮技术革命的到来，韩国的产业发展重点开始由传统的电子信息产业转向代表未来产业方向的新兴产业，即韩国所称的新增长动力产业。2009 年，韩国政府发布并启动实施《新增长动力规划及发展战略》，确定三大领域（绿色技术产业领域、高科技融合产业领域和高附加值服务产业领域）17 个产业作为重点发展的新增长动力，并提出了发展目标和具体推进措施。2015 年颁布的《制造业创新 3.0 战略实施方案》提出，大力发展无人机、智能汽车、机器人、智能可穿戴设备、智能医疗等 13 个新兴动力产业①。对于传统支柱产业，如汽车、船舶、半导体、钢铁等行业，则通过推动与信息技术的融合，不断提升产业国际竞争力。韩国六大部门联合出台了"传统产业技术开发革新战略"，旨在通过加速推动传统支柱产业与信息技术的结合，提高传统支柱产业的附加值并创造新的增长动力。针对汽车、机械造船和纺织等传统支柱产业的特点和需要，选定了一批信息融合型技术项目，如网络型汽车、

---

① 中华人民共和国商务部. 韩国"制造业创新 3.0"［EB/OL］.［2015－11－03］. http://cys. mofcom. gov. cn/article/cyaq/201511/20151101154852. shtml.

工业机器人、自动航行系统以及智能纤维等，予以重点支持，优先开发。

（二）以中小企业的推广应用为重点推动制造业智能改造

韩国政府将智能制造推进政策的战略重点锁定于智能制造技术在中小企业中的推广应用（而非智能制造技术的深度开发），集中力量进行中小企业工厂智能化改造和智能工厂建设。由于中小企业既缺乏发展智能制造系统和相关商业模式的内生需求，也缺少应用智能制造系统所必需的人力资源、技术能力和组织能力，根本不能满足智能制造对数据交换和数据分析的要求。有鉴于此，韩国政府确立了政府主导、官民合作的模式，吸纳各层次、各类型的参与主体，实现各级政府部门、大型财阀集团、公共研发机构的分工合作，共同推进中小企业智能制造战略的实施。韩国贸易、工业和能源部与科学、信息通信技术和未来规划部等中央政府部门设立官民合作智能工厂推进团，合理配置公共资金，引导财阀集团投资参与。韩国生产技术研究院、电子通信研究院、电子技术研究院等研发机构直接参与或组织公共科研项目，力争在八大智能制造技术重点领域实现突破，补足当前韩国智能制造核心技术缺失。以三星（长于智能制造技术）、LG（长于智能工厂解决方案）、浦项（长于智能工程和智能集成）为代表的财阀集团在政府协调下参与各类项目，帮助中小企业探索、应用适用性的智能制造平台。韩国财阀集团对中小企业智能化改造建设的针对性支援不仅体现在人力和技术上，还直接体现在财务投入上。例如，"制造业创新3.0战略"的计划总投资约为8000亿韩元，其中政府投资仅占1/3，主要投向公共研发机构；其余2/3的投资大部分来自财阀集团，主要投向中小企业相关项目。根据韩国中小企业厅统计，通过智能工厂建设和改造项目，韩国中小型制造业企业的生产成本降低了29%，次品率减少了27%，整体生产效率提高了25%。

（三）充分利用既有优势分步实施

韩国在推进智能制造具体部署过程中，注重利用国内财阀集团现有的技术优势，匹配不同地区的产业特色和中小企业的能力基础，在短期内最大化智能工厂建设项目的效率效果，实现智能制造从试点企业向试点地区、从试点地区向全国制造业的渐进式普及。2014年9月以来，韩国所有省级行政区根据"一地一特色"原则，明确智能工厂建设的重点产业，与在该产业相关领域具有技术优势的某个财阀集团或其下属企业一对一联建创造力经济创新中心（RCECC）。根据"制造业创新3.0战略"计划，韩国将以RCECC工程等各类操作性项目为依托，提升员工规模20人以上的工厂的智能化水平，在2020年前将其中的1/3改造为智能工厂，在全国范围内打造1万家智能工厂。

五、对推动我国制造业转型的经验启示

美国、日本、欧洲等发达国家和地区在促进先进制造业发展过程中积累了大量丰富的经验。我国应当在结合当前经济社会现实基础的前提下，充分借鉴和吸收这些国家的经验，更好地推进新一代信息技术与我国制造业发展的深度融合。

（一）加强顶层战略设计

针对当前我国制造业产业政策政出多门、政策缺乏连续性、政策间缺乏衔接的问题，应当借鉴美国和德国的经验做法，加强战略性的顶层设计，着眼于全球制造业技术和产业发展趋势，并以我国长期的经济社会发展需求为导向，制定我国的制造业发展战略，并在此基础上，统筹整合各项具体的产业政策。具体地，应在充分考虑全球制造业发展趋势和我国制造业产业基础、要素约束的前提下，明确我国制造业的发展方向和主导技术路线，对我国制造业进行全面规划、部署和推动，集中资金、人力和技术资源，发挥全社会的创新活力，提高创新效率，在全球制造业竞争中赢得主动权。同时，充分借鉴德国等国家的经验，根据动态的环境和内部资源变化，及时调整发展战略的内容，保证长期战略和产业政策的连续性和动态性。

（二）加大核心技术研发和重大产业化项目的支持力度

美、日、韩等工业强国在加速工业化的过程中都积极利用政府资金对重点产业的关键技术突破和重大科技成果产业化进行扶持。在新一轮科技革命的背景下，主要工业化国家更是针对数字化、网络化、智能化等先进制造技术加强研发支持和产业化扶持。例如，美国从2013年开始，投资10亿美元用于设立15个研究院，每个研究院都将联合大学、企业、政府等各

方面力量，共同投资于新技术。又如韩国政府每年都提供专项资金扶持新增动力产业的发展，用于信息技术、半导体等领域的技术研发，同时还专门设立了技术开发商业化基金，支持研发技术的产业化。发达国家对先进制造技术研发和产业化资金扶持的成功经验在于：一是在资金使用中强调政府资金对企业资金或科研院所研发资金的带动作用和杠杆效应；二是针对高技术成果产业化中的"死亡之谷"问题，通过引入风险投资、加强产业链各利益相关方参与合作等，实现研发项目和产业化项目的协调。

（三）完善制造业技术创新基础设施建设

完整的制造业技术创新体系应主要由研究型大学、综合性科研机构、专业科研机构、政府部门以及企业等各类主体构成。其中，研究型大学和综合性科研机构主要是进行基础性研究和前沿研究；专业科研机构主要是从事行业共性技术的研发和基础性研究成果的转化；政府的功能除了建设共性技术研发机构、推进技术标准的培育和形成以外，还要综合运用税收和产业基金等政策工具动员社会资本参与新兴技术的示范应用项目，缩短新兴技术的产业化周期；各类企业是重大科技成果工程化、产业化的主体，政府应通过资金扶持和服务体系建设，调动各类企业和资本的积极性，形成持续的产业发展机制。在日益深入的技术融合和产业融合的全球产业发展背景下，应积极促进各类产业主体在技术创新和产业化方面的合作，实现风险共担和优势互补。应充分借鉴德国的合作创新网络和美国的先进制造业合作项目的经验，设立适合我国国情的先进制造业技术与产业化合作项目，形成共享资源、共担风险的技术创新和产业发展网络，实现各类产业主体的优势互补。

（四）大力扶持高技术企业和中小企业发展

SBIR 项目是美国、日本等国家促进中小企业技术创新和产业化的通行做法。我国应积极借鉴国外 SBIR 项目的成熟经验，由政府将每年科技投入预算的一个固定比例用于资助先进制造业领域中小企业参与商业化潜力较大的公共科技项目，由相关政府部门对各领域的中小企业和创业企业提供资金支持和优先政府采购。在具体操作层面，可分为三个阶段实施：第一阶段为技术可行性研究阶段，主要为企业提供小规模的资助。第二阶段为研究开发阶段，是对第一阶段取得初步成果的项目提供进一步资助。前两个阶段的政府资助都是无偿的，但不同的是，第一阶段采取"小额普发"原则，即大范围资助，但单项资助金额较低，在避免对失败项目过度投入的基础上可以广泛培育技术种子。第二阶段则采取"大额集中"原则，以进一步推进技术成熟。第三阶段为技术成果商业化阶段，并不是对所有项目进行投入，而是为有重大技术和社会价值、已完成产品原型制造的项目提供一定比例的资助；同时为了激励技术和产品的商业化，可对其产品和技术优先安排政府采购。

（五）高度重视先进制造技术人才培养

传统的教育和技术技能已不再满足制造业新兴就业岗位的需求，未来的工作将需要新的技术素养和认知能力。为此，世界各国高度重视发展支持下一代先进制造技术的关键人力资本战略，建立具有全球竞争力的制造业人才梯队。美国通过成立社区职业学院、推动退伍军人职业资格认定、开展学徒计划三项举措，加快推进先进制造人才培训，其中在学徒计划方面，美国政府计划投入7亿美元用于制造工人的技能培训，使之适应现代化制造业发展需求。德国政府重视发展职业教育、继续教育和培训及高等教育等多层次的人力资源开发体系，培育高素质产业工人，在政策上重点支持培养中小企业青年工程师。日本高度重视人在制造系统中的价值，将信息世界、物理世界以及人的世界并称为"数字化三胞胎"，并通过实施智能制造人才培训专项行动，建设智能制造培训基地，帮助生产工人、管理人员等掌握相关的知识和技术。建议我国依托清华大学、浙江大学等一流工程大学设立旨在提升生产工艺和培养能够适应现代智能化、自动化生产的产业工程师的工程学院，进一步壮大我国高素质的产业工人队伍。

第十一章
信息网络技术驱动中国制造业转型的政策思考

伴随着信息网络技术的快速发展和加速应用，信息网络技术驱动中国制造业转型不仅体现在新技术在制造业各环节的应用上，更体现为生产组织方式和制造业产业体系的重构上。站在生产组织方式和产业体系重构的视角来分析信息网络技术驱动制造业转型路径，就会发现"自上而下"和"自下而上"两条路径在共同推进，并进行着动态组合。事实上，这一路径特征也就构成了信息网络技术驱动制造业转型政策的基本逻辑。

一、信息网络技术驱动中国制造业转型政策的演进历程

我们重点从"自上而下""自下而上"和"动态组合"三个维度对2002年至今信息网络技术驱动中国制造业转型政策的演进历程展开分析。

（一）"自上而下"的政策在加速推进

纵观信息网络技术驱动中国制造业转型的相关政策演进历程，基本上可以分为三个阶段：

第一阶段（2002~2011年）是新型工业化与两化融合阶段，该阶段明确了信息化和工业化之间的关系，明确了坚持走中国特色新型工业化道路，大力推进信息化与工业化融合的发展道路。同时，为了保证新型工业化和两化融合目标的实现，在2008年组建成立了工业和信息化部。相关政策如表11-1所示。

表 11-1　　2002~2010 年相关政策一览表

时间	名称	主要内容
2002 年 11 月 8 日	《中国共产党第十六次全国代表大会报告》	首次采用"新型工业化"概念。坚持以信息化带动工业化，以工业化促进信息化，走出一条科技含量高、经济效益好、资源消耗低、环境污染少、人力资源得到充分发挥的新路子
2005 年 10 月 11 日	《中共中央关于制定国民经济和社会发展第十一个五年规划的建议》	推进国民经济和社会信息化，走新型工业化道路，坚持节约发展、清洁发展、安全发展，实现可持续发展
2007 年 10 月 15 日	《中国共产党第十七次全国代表大会报告》	首次提出"两化融合"的概念。坚持走中国特色新型工业化道路，大力推进信息化与工业化融合，促进工业由大到强
2008 年 3 月 15 日	《国务院机构改革方案》	组建工业和信息化部

资料来源：笔者整理。

第二阶段（2012~2015 年）是两化深度融合部署阶段。2012 年在党的十八次全国代表大会上，提出坚持走中国特色新型工业化道路，推动信息化和工业化深度融合。明确了两化深度融合的主动方向和目标，即以智能制造为主攻方向，促进制造业数字化、网络化、智能化目标的实现。同时，提出了"互联网+"的概念，即互联网由消费领域向生产领域拓展，加速提升产业发展水平，增强各行业创新能力，推动互联网与制造业深入融合，着力提升制造业数字化、网络化、智能化水平，加速制造业服务化转型。总体上讲，这一概念的提出为信息网络技术驱动制造业转型提供了更加具象化和广阔的实践空间。相关政策如表 11-2 所示。

表 11-2　　2012~2015 年相关政策一览表

时间	名称	主要内容
2012 年 11 月 8 日	《中国共产党第十八次全国代表大会报告》	坚持走中国特色新型工业化道路，推动信息化和工业化深度融合

时间	名称	主要内容
2015 年 7 月 4 日	《国务院关于积极推进"互联网+"行动的指导意见》	实施"互联网+"协同制造，提出要推动互联网由消费领域向生产领域拓展，加速提升产业发展水平，增强各行业创新能力，提出要推动互联网与制造业深入融合，着力提升制造业数字化、网络化、智能化水平，加速制造业服务化转型
2015 年 11 月 25 日	工业和信息化部贯彻落实《国务院关于积极推进"互联网+"行动的指导意见》的行动计划（2015—2018 年）	进一步贯彻落实《国务院关于积极推进"互联网+"行动的指导意见》，加快推进两化深度融合，实施和制造强国、网络强国建设

资料来源：笔者整理。

第三阶段（2016 年至今）是两化深度融合加速推进阶段。该阶段主要有三个特点：一是技术特征得到明确，即把数字化、网络化、智能化、绿色化作为提升产业竞争力的技术基点。二是工业互联网体系架构得到明确。2016 年 8 月，在《工业互联网体系架构（版本 1.0）》中提出基于"网络""数据""安全"三个体系构建面向工业智能化发展的三大优化闭环。在此基础上，2020 年 4 月，《工业互联网体系架构（版本 2.0）》从业务、功能、实施三个视图重新定义了工业互联网的参考体系框架。三是行动快速推进。自 2018 年起，关于工业互联网先后提出两个三年行动计划，同时"5G+工业互联网"成为具体行动的新方向。相关政策如表 11-3 所示。

表 11-3　2016 年至今相关政策一览表

时间	名称	主要内容
2016 年 5 月 20 日	《关于深化制造业与互联网融合发展的指导意见》	部署深化制造业与互联网融合发展，加快制造强国建设
2016 年 5 月 20 日	《国家创新驱动发展战略纲要》	加快工业化和信息化深度融合，把数字化、网络化、智能化、绿色化作为提升产业竞争力的技术基点

续表

时间	名称	主要内容
2016 年 7 月	《国家信息化发展战略纲要》	以信息化驱动现代化为主线,以建设网络强国为目标,着力增强国家信息化发展能力,着力提高信息化应用水平,着力优化信息化发展环境
2016 年 8 月	《工业互联网体系架构(版本 1.0)》	提出基于"网络""数据""安全"三个体系构建面向工业智能化发展的三大优化闭环
2017 年 11 月 8 日	《中国共产党第十九次全国代表大会报告》	推动新型工业化、信息化、城镇化、农业现代化同步发展,加快建设制造强国、加快发展先进制造业,推动互联网、大数据、人工智能和实体经济深度融合
2017 年 11 月 19 日	《国务院关于深化"互联网+先进制造业"发展工业互联网的指导意见》	为深化供给侧结构性改革,深入推进"互联网+先进制造业",规范和指导我国工业互联网发展,提出了夯实网络基础、打造平台体系、加强产业支撑、促进融合应用、完善生态体系、强化安全保障、推动合作开发七大任务
2018 年 3 月 5 日	《政府工作报告》	把发展"工业互联网平台"写入政府工作报告
2018 年 5 月 31 日	《工业互联网发展行动计划(2018—2020 年)》	提出到 2020 年底,初步建成工业互联网基础设施和产业体系的目标;在基础设施能力提升、标识解析体系构建、工业互联网平台建设、核心技术标准突破、新模式新业态培育、产业生态融通发展、安全保障水平增强、实施开放合作、加强统筹、推进政策落地等方面做出部署
2018 年 12 月 29 日	《工业互联网网络建设及推广指南》	提出支持基于 5G 建设网络技术测试床,开展基础通用关键技术、标准、设备、解决方案的研制研发、试验测试等工作
2019 年 11 月 19 日	《"5G+工业互联网"512 工程推进方案》	提出打造 5 个产业公共服务平台,加快垂直领域"5G+工业互联网"的先导应用,内网建设改造覆盖 10 个重点行业,形成至少 20 大典型工业应用场景
2020 年 3 月	《关于推动工业互联网加快发展的通知》《关于推动 5G 加快发展的通知》	强调实施"5G+工业互联网"512 工程,总结形成可持续、可复制、可推广的创新模式和发展路径,促进"5G+工业互联网"融合创新发展

时间	名称	主要内容
2020 年 4 月	《工业互联网体系架构（版本2.0）》	在版本 1.0 的基础上，从业务、功能、实施三个视图重新定义了工业互联网的参考体系框架
2020 年 5 月 22 日	《政府工作报告》	提出加强新型基础设施建设，发展新一代信息网络，拓展 5G 应用，建设充电桩，推广新能源汽车，激发新消费需求，助力产业升级
2020 年 12 月 22 日	《工业互联网创新发展行动计划（2021—2023）》	明确了未来三年我国工业互联网发展目标，提出要深化"5G+工业互联网"，深入实施工业互联网创新发展战略，推动工业化和信息化在更广范围、更深程度、更高水平上融合发展
2021 年 7 月 5 日	《5G 应用"扬帆"行动计划（2021—2023 年）》	提出打造 IT（信息技术）、CT（通信技术）、OT（运营技术）深度融合新生态，实现重点领域 5G 应用深度和广度双突破，构建技术产业和标准体系双支柱，网络、平台、安全等基础能力进一步提升的目标；给出突破 5G 应用关键环节的指导意见

资料来源：笔者整理。

通过以上对相关政策的回顾，"自上而下"政策在加速推进，在这一过程中信息网络技术驱动制造业转型的方向和目标得到快速清晰，从"互联网+"概念的提出为制造业转型提供具体化的着力点和更加广阔的空间，到工业互联网架构的提出和进一步的明确，再到"5G+工业互联网"的应用，无疑在这一过程中，数字化、网络化、智能化目标的提出，极大地发挥着"主动意识"的作用，通过信息网络基础设施的加速建设、新兴产业的培育和共性技术平台的支撑等方面的集中行动释放着"自上而下"的力量，使信息网络技术驱动制造业转型进程大大加快。

（二）"自下而上"的政策相对滞后

信息网络技术驱动制造业转型不仅是一场"百米赛跑"，更是一场"马拉松"，是一个长期演进的过程。在这个过程的初期，"自上而下"的政策能够起到快速开展行动、形成初始架构和明确整体方向的作用，可以大大缩减按照自然演进的制造业转型进程。但是，制造业转型的过程既需要

"自上而下"的"快变量"发挥作用，还需要"自下而上"的"慢变量"发挥作用（王钦，2019）。

"自下而上"的政策具有促进多样性和激发涌现性的特点。大数据、人工智能、云计算、5G等新一代信息网络技术加速涌现，这些新技术在驱动制造业转型中具有很大的不确定性，主导技术范式的形成、生产组织方式和产业体系的重构需要一个持续试错和持续迭代升级的过程，这一过程不可能完全依赖"自上而下"的过程来实现。因为，"多样性"和"涌现性"是持续试错和迭代升级的关键，这就需要"自下而上"的政策能够充分发挥作用。

在既有的信息网络技术驱动制造业转型政策中，"自上而下"的政策占有较高的比重，"自下而上"的政策相对滞后。虽然已经发布的政策中有关于不同行业、领域和跨行业的试点和示范，也有关于智能制造、个性化定制、网络化协同、服务化延伸和数字化管理的模式总结，以及当前在重点行业的"5G+工业互联网"应用的大力推进，一些地方政策也在积极探索激励企业数字化转型的各项措施。但是，整体上对于企业数字化转型的激励和支撑措施还相对缺乏，一些已经建设的信息网络基础设施的作用还未充分发挥，一些在核心技术和运营技术层面的短板表现得更加突出。

(三) 动态组合的政策空间有待提升

"自上而下"政策和"自下而上"政策有效的动态组合是信息网络技术驱动制造业转型的关键。从现有政策作用的主体来看，主要涉及政府和企业，缺乏在政府和企业、企业与企业之间的有效连接，这种连接的相对缺乏，大大限制了政策发挥作用的空间，客观上削弱了"自上而下"力量和"自下而上"力量的有机结合。

随着信息网络技术驱动制造业转型不断走向深入，就需要更加广阔的政策作用空间促进"上"和"下"两种力量的结合。政策作用空间有限，就会出现"自上而下"的主动意识不能够真实传递和作用到企业，"自下而上"企业层面的主动探索也不能够得到有效的激励和支撑，最终产生"上"和"下"之间的断裂。

目前，制造业产业园区、企业联盟和共性技术创新平台都是重要的政策作用主体，而政策对这一类主体的作用相对缺乏，以及相关主体之间联系的薄弱，都大大限制了"动态组合"的政策空间。从德国、美国和日本等国促进信息网络技术驱动制造业转型的政策内容来看，都非常重视制造业创新中心、企业联盟这些政策作用主体培育和投入，重视对企业主体活力的激发。这些主体往往都是企业发起和企业治理的组织，有些针对特定技术研发和应用的联盟，多是由行业的领军企业来牵头，这大大促进了技术有效研发和扩散，促进了大中小企业之间的有效连接。

二、"十四五"时期信息网络技术驱动中国制造业转型的核心任务

"十四五"时期是信息网络技术驱动中国制造业转型见到实效的关键时期。这一时期的关键是"自上而下"和"自下而上"两种力量的有效动态组合，实现动态组合的核心任务主要包括三个方面：一是提升信息网络基础设施的系统完整性和功能完善性；二是补齐工业芯片、工业软件和工业控制系统的短板；三是验证新业态、新模式的"实效性"和"适用性"。

（一）信息网络基础设施建设的系统完整性和功能完善性还需提升

目前，5G、工业互联网、物联网、人工智能等是普遍被认可的信息网络基础设施。但F5G、数据中心、北斗导航系统等还未得到广泛认可，这会影响到信息网络技术设施的系统完整性和功能完善性，并进而对驱动中国制造业转型的效果产生影响。信息网络基础设施建设的主要内容如表11-4所示。[①]

1. 以F5G和5G为核心的全光网是驱动制造业转型的网络底座

构建以5G和F5G为核心的全光网2.0是夯实信息网络基础设施驱动制造业转型的重要内容。F5G与5G具有网络功能等同、应用场景互补的特征，二者结合能够有效实现灵活性和稳定性的结合，创造更丰富的应用场景。以10GPON技术为核心的F5G网络不仅具有超高带宽（上下行速率最高10 Gbps）、超低时延（100微秒以下）、超高链接的特征，而且具有更高的网络安全性。不管是在生产领域，还是在消费领域，Wi-Fi+固定宽带的F5G网络接入方式都可以发挥与5G等同的网络功能。并且F5G侧重于高稳定性的有线场景，5G侧重于高灵活性的移动场景，二者在具体应用场景上

---

① 贺俊. 新型基础设施建设研究报告［R］. 中国社会科学院工业经济研究所内部报告，2020.

存在很强的互补性，二者融合发展是必然趋势。此外，未来 5G 和 F5G 网络还可以承载 VR、云计算、边缘计算、智能制造等低时延、大流量业务。

2. 超大规模、绿色化数据中心是驱动制造业转型的数据底座

数据中心是云计算、边缘计算、人工智能的重要基础设施，主要提供数据的存储和备份服务，是数据应用业务开放的基础。大规模、超大规模、绿色化是驱动制造业转型的数据底座。首先，我国在大规模数据中心方面存在明显短板。2019 年，超大型、大型数据中心数量占比达到 12.7%，规划在建数据中心 320 个，超大型、大型数据中心数量占比达到 36.1%。这一数据与美国相比，仍有较大差距，美国超大型数据中心已占到全球总量的 40%，大型数据中心仍有较大的发展空间。其次，建设大规模、超大规模的数据中心可以有效缓解数字中心建设带来的资源和环境压力，实现数据中心的绿色化和集约化。数据中心属于高耗能产业，对供电、供水等能源保障有较高的要求，如数据中心园区能耗一般约 1300 千瓦/亩，是常规工业建筑能耗的 10~50 倍。因此，数据中心建设必须抓住绿色化的发展方向。

3. 北斗导航系统是驱动制造业转型数字化和智能化的基础

第一，北斗导航是推动数字化、智能化的基础，5G、人工智能、工业互联网、物联网等新兴产业的发展都离不开北斗导航系统提供信息的精确识别与筛查、网络化的定位。只有在北斗导航系统的助力下，才能精确地实行数字化、网络化、智能化等手段。第二，北斗导航是具有我国自主知识产权的基础设施，加快推进北斗导航系统建设不仅可以充分保证我国产业的安全，还可以积累自主知识产权基础设施的研发和建设经验。

表 11-4　信息网络基础设施重点建设内容

类型	重点建设内容
F5G 和 5G 为核心的全光网 2.0	5G 机房、供电、铁塔、管线等的升级、改造和储备；5G 基站、核心网、传输等基础网络设备研发与部署；F5G 网络的升级、改造，Wi-Fi-6 的建设和升级；承载网、核心网的光纤化改造
物联网（包括工业互联网、车联网）	物联网云、网、端等新型基础设施，围绕车联网的车、路、网协同的基础设施等；工业互联网网络建设，工业互联网平台建设，工业互联网试点示范项目建设
人工智能	AI 芯片等底层硬件发展；通用智能计算平台的搭建；智能感知处理、智能交互等基础研发中心建设；人工智能创新发展试验区建设

类型	重点建设内容
数据中心	机房楼、生产管理楼等数据中心基础配套设施；传输光纤、互联网交换中心、数据服务平台等支撑数据中心发展网络及服务设施；IDC 业务部署与应用协同；车联网、卫星大数据等垂直领域的大数据研发及产业化项目
北斗定位系统	北斗卫星、北斗监测基站、地面监控站、主控站、注入站等；北斗相关 RF 射频芯片、基带芯片及微处理器的芯片组等

资料来源：贺俊．新型基础设施建设研究报告［R］．中国社会科学院工业经济研究所内部报告，2020.

（二）工业芯片、工业软件和工业控制系统的短板依然明显

信息网络技术驱动制造业转型的过程是软件和硬件深度融合的过程，"数字孪生"场景的实现，离不开工业芯片、工业软件和工业控制系统，这是未来中国制造业转型的核心任务。

目前，虽然智能制造工厂在我国加速涌现，但是我们也应该清楚地看到工业总线、工业控制系统、工业软件对国外技术还有较高的依赖度，离自立自强还有一定距离。比如，国产工业软件品种较少，功能不全，缺乏核心技术的创新和突破；国内炼油、石化、电力、冶金、高铁等重大工程的自动化控制系统和控制装备、高端技术市场基本上为进口产品所垄断，重大工程自动化控制系统与装备约85%依赖进口。

中美两国在科技领域的竞争日益加剧，中国制造业在信息网络技术领域面对"卡脖子"风险日益加大。比如，汽车电控细分领域的 CAE 专用软件 DSPACE 在业内处于垄断地位，但早在 10 年前已对中国军工企业全面禁运；中国航天工业曾长期使用美国 Analytical Graphics 公司开发的 STK 分析软件，但美国政府从 STK7.0 版本就开始对中国实施禁运，目前最高版本是 11.0（周倩，2020）。2019 年 6 月，根据美国商务部的要求，美国 EDA 软件三大厂商暂停对华为的授权和更新，这三大厂商占全球市场份额的 90%。

除了信息网络技术在制造业领域的单向应用之外，信息网络技术同制造运营技术之间的双向互动变得更加普遍。工业芯片、工业软件和工业控制系统的产业发展越来越需要软件企业和制造业企业之间持续的交互、迭代和升级。

（三）新业态、新模式的实效性和适用性仍需验证

近年来，有关信息网络技术驱动制造业转型的新业态、新模式加速涌现，但新业态、新模式涌现之后的挑战就是市场验证和普及。实际上，只有经得起市场检验，有"实效"和"适用"的新业态和新模式才能够得到加速普及。

以工业互联网的应用为例，在智能制造、网络化协同、个性化定制、服务化延伸和数字管理等方面都形成了一些新业态和新模式的应用示范成果。一方面这些成果需要在更多的行业和领域进行应用、验证和完善，另一方面还需要积极面对以下三个方面的挑战（王钦，2020）：

一是寻找新价值主张。对于传统制造业而言，在有形要素条件下，价值创造过程更多的是在找到用户之前已经生产出的产品或服务，然后通过渠道提供给用户，更多是 M2C 的过程，大规模制造、大规模分销的模式最适合这种价值创造。而工业互联网的应用，不仅拉近了企业与用户、企业与企业之间的距离，还缩短了企业内部研发、制造和市场之间的距离，从而使企业为用户提供预测价值成为可能，使 C2M 成为可能，使企业同用户之间的实时交互服务成为可能。具体实践中，这种价值创造方式表现为服务化延伸、个性化定制、网络化协同等多种实现模式。

二是寻找新盈利模式。传统制造业主要采用硬件收入模式，"硬件收入+后服务收入"构成了传统制造业企业主要的盈利模式。从收入结构看，硬件收入占有较大比重。工业互联网应用的一个典型特点就是数据创造价值，它将带来企业盈利模式的变化，除获取传统制造企业的硬件收入外，企业还可以获取软件升级和数据聚合创造的生态收入，"硬件收入+生态收入"构成了工业互联网企业的盈利模式，在盈利结构中，生态收入的比重要大于硬件收入。

三是寻找新组织模式。工业互联网应用不仅涉及企业内部研发、制造和市场资源的再组合，还涉及产业链、供应链的重构。传统制造业企业内部价值链各环节之间更多是串联的关系，是段到段的关系，而不是端对端地对用户负责，自然就会影响到相互之间的协同和资源的灵活组合使用。比如，海尔在具体实践中，始终强调研发、制造、供应链和市场之间以用户为中心建立并联关系，并以此形成对今天我们看到的卡奥斯 COSMOPlat 工业互联网平台的组织流程支撑。在具体案例中，我们看到工业互联网背

景下，企业的制造环节本身也在进行着再定义，制造环节不仅涉及产品流、物流，而且成为信息流最为集中的环节。

数字化管理变革离不开业务和组织层面的变革，没有业务、产品层面创新的管理变革是很难持续推进的。同时，没有组织层面做支撑，数字化管理的价值也无法得到体现。因此，对于很多企业而言伴随着工业互联网技术的深入应用，在商业模式和组织层面的变革也需要加速推进。

三、"十四五"时期信息网络技术驱动中国制造业转型的政策重点

聚焦"十四五"时期信息网络技术驱动中国制造业转型的核心任务，未来政策重点主要体现在适度超前部署信息网络基础设施、强调"能力导向"的新兴产业培育、强化共性技术平台支撑、深化重点行业应用示范四个方面。

（一）适度超前部署信息网络基础设施

信息网络基础设施是中国制造业转型的重要支撑。在全球产业竞争中，美国和中国的共同优势是具有巨大的国内统一市场，美国的独特竞争力是在底层技术具有领先优势，而中国的独特优势则是具备完善的信息网络基础设施。适度超前布局和建设基础设施，是过去 20 年我国能够实现数字经济赶超发展的重要经验，也是当前和未来一段时期内我国有效抵御国内外经济下行压力风险、积极促进信息网络技术驱动制造业转型的重要抓手。[①]

一是在部署方面强调信息网络基础设施和制造业应用场景的垂直整合。以作为新型信息基础设施主体的 5G 为例，如果 5G 网络不能达到足够的规模经济和网络经济，下游人工智能、工业互联网等应用发展所需的低成本和可靠场景就无法形成。在这种情况下，我国 5G 和下游应用一定程度上出现了相互掣肘的问题。鉴于此，政府的政策导向更应该主动引导运营商加强与下游垂直应用领域创新型企业的合作和协调，从而形成能够引导制造业用户向 5G 网络迁移的应用场景，加快推动相关的技术标准制定和管制政策的明晰化，促进制造业转型。

---

① 贺俊. 新型基础设施建设研究报告［R］.中国社会科学院工业经济研究所内部报告，2020.

二是构建和强化我国独特的技术路线优势。新一代信息网络基础设施所涉及的技术和产业总体上处于探索期，主导的技术路线尚未形成，这为我国通过新型基础设施的统筹部署，形成独特的技术能力和技术路线提供了机会。例如，当前我国企业的工业互联网常常采用"现场—控制—操作"的多层架构，但其中现场层和控制层的核心装备与技术多由西门子等外企掌控。建议在新一代信息网络基础设施的部署中，通过合理规划和顶层设计，推动更多企业转向建设全光网底座与工业互联网架构融合的扁平架构，从根本上消除我国工业互联网体系中的现场层和控制层装备/技术的对外依赖态势，实现我国5G和F5G领先优势嫁接到工业互联网之上，从而颠覆目前由德国西门子、博世等企业主导的基于数字物理系统的智能制造技术路线。

三是加强新一代信息网络基础设施涉及的底层技术标准的统一部署。5G、人工智能、工业互联网、车联网等新一代信息网络基础设施产业商业模式平台化、产业组织生态化的特征突出，各个行业之间的技术经济具有高度的协同性：不仅各个产业内部要形成统一的技术标准，而且产业之间要形成统一的技术接口；不仅各个产业自身的技术要达到足够的成熟度，而且产业的技术成熟度会制约其他产业的技术可应用性。因此，政府部门应在规划建设初期就建立起紧密的工作衔接机制，有效解决不同产业部门之间的协调问题。

（二）强调"能力导向"的新兴产业培育

大数据、人工智能、云计算等新兴产业发展是信息网络技术驱动制造业转型的重要内容。对于新兴产业的发展长期以来主要采取"项目导向"的做法。虽然重大项目在带动新兴产业发展上确实起到了催化和加速的作用，但随着发展阶段和环境的改变，"项目导向"政策的弊端逐渐显现，未来需要强调"能力导向"的政策措施，营造产业发展的良好环境，通过市场机制遴选具有发展前景的产业和优秀的企业，以发现和强化新兴产业能力作为新的政策导向，达到形成新兴产业的核心竞争力的目的（王钦等，2017）。具体而言，需要对政策作用机制进行三方面的创新：

一是通过参与机制创新激发主体活力。广泛吸收企业、协会、商会、企业联合会的参与，使市场经济的主体——企业从被动接受政策转为主动参与政策的制定和实施，达成政企间的共识。积极响应企业诉求，通过调研、行业协会和企业主动表达的政策诉求成为新兴产业政策制定和实施的重要参考，使政策能够真正为产业发展服务。

二是通过协调机制创新形成政策合力。从实际情况看，一方面，相关新兴产业政策由于缺乏前瞻性，条款过于笼统，缺少具体需求和目标，造成政策在引导产业结构调节方面难以发挥应有的作用。另一方面，相关财政政策、金融政策缺乏同新兴产业政策之间的协同，对促进新兴产业发展方面缺乏针对性。比如，可以使用差别化的财税政策鼓励新兴产业领域的投资，促进新产品市场增长，还可以通过形成相应的政策清单，在针对不同发展问题时进行选择和组合。

三是通过前瞻机制创新培育产业未来竞争力。大力支持新兴产业领域的原始创新，大力支持基础技术的研发、基础工业数据的沉淀和工艺能力的积累。制订面向未来的超长期技术储备计划，不仅要加强成熟技术的产业化，也要针对未来五年、十年、三十年的技术制订研发计划并给予长期支持，实现多代技术同时开发。企业作为重要的创新主体，垄断企业、大型企业和国有企业要在前瞻性技术研发方面有所担当。

（三）强化共性技术平台支撑

新一代信息网络技术创新体系是中国制造业由大变强的重要驱动力。目前，中国信息网络技术创新体系一方面要对工业芯片、工业软件和工业控制系统等核心技术供给起到支撑作用，另一方面技术创新体系自身存在共性技术创新平台和利益分享机制缺失两个方面的问题。因此，强化信息网络共性技术平台支撑迫在眉睫。

伴随着新一代信息网络技术的加速发展，产业竞争模式正在改变，产业技术往往呈现链式和网络式形态，以创新为基础的产业竞争超越了单个企业的能力边界，越来越多地体现为技术标准和技术平台之间的竞争。共性技术平台缺失和支撑力不足成为制约信息网络技术驱动制造业转型的"卡脖子"环节。具体而言，需要在两个方面强化信息网络技术领域的共性技术平台支撑：

一是由政府主导或引导建立信息网络技术领域的共性技术平台，并探索共性技术平台的新型治理机制。共性技术是基础研究成果与产业技术创新之间的衔接环节，能够被应用于多个产业。由于共性技术具有较强的公共物品特性，世界各国的通用做法是由政府主导或引导建立共性技术平台，推动共性技术的研发和研究成果的转化，如美国的半导体制造技术联合体（SEMATECH）、欧盟的创新驿站（IRC）、德国的弗劳恩霍夫应用研究促进协会等。因此，促进各类创新主体就位、形成创新群落和创新网络，以核心技术和基础平台型技术的进步带动生态系统建设将是技术创新工作的重要内容。二是积极探索共性技术平台的利益共享机制。很多科技成果在转化过程中都面临着"不愿合作"又"不得不合作"的两难困境。因此，有必要从"利益共享"的角度去思考问题，建立科技成果转化的"利益共享"机制，推进产业化进程（王钦，2019）。

（四）深化重点行业的应用示范

信息网络技术驱动制造业转型过程中在技术创新效率方面存在明显的非线性传导和行业差异性特征。这一结论具有重要的政策含义，具体体现在两个方面：

一是对于重点行业的选择。行业差异性表明信息网络技术对工业资本技术密集型行业技术效率的促进作用小于资源和劳动密集型行业。这一结论的政策含义在于对重点行业选择上应该更加重视资源型和劳动密集型行业的选择，如电力、石油、煤炭等资源型行业，以及一些劳动密集型的组装加工行业。此外，行业差异性还表现为对平均规模较小行业技术创新效率影响高于规模较大行业。这就说明对于一些存在大量中小企业的行业需要给予更多的关注，而不是一些集中度较高的行业。比如，纺织服装行业、日用消费品行业。

二是对于政策的动态调整。非线性传导的政策含义在于强调信息网络技术投入对制造业企业技术创新的驱动并不是简单的线性关系，而是呈现出倒 U 形的关系。这就说明在政策选择上需要具有动态性，在不同阶段对政策进行动态调整。

参考文献

［1］Abernathy W. J., Utterback JM. Patterns of Industrial Innovation ［J］. Technology Review. June-July, 1978.

［2］Anderson P., Michael L. T. Technological Discontinuities and Dominant Designs： A Cyclical Model of Technological Change ［J］. Administrative Science Quarterly（1990）：604-633.

［3］Baldwin Y., Clark B. Managing in Age of Modularity ［J］. Harvard Business Review, 1997, 75（5）：84-93.

［4］Battese G. E., Goelli T. J. Frontier Production Functions, Technical Efficiency and Panel Data： With Application to Paddy Farmers in India ［J］. The Journal of Productivity Analysis, 1992, 3（1/2）：149-165.

［5］Bennett S. A History of Control Engineering 1930-1955 ［M］. London： Peter Peregrinus Ltd. On Behalf of the Institution of Electrical Engineers, 1993.

［6］David P. A. Clio and the Economics of QWERTY ［J］. American Economic Review, 1985（75）：332-337.

［7］Dees S., Mauro F. di, Pesaran M. H., et al. Exploring the International Linkages of the Euro Area： A Global VAR Analysis ［J］. Journal of Applied Econometrics, 2007（22）：1-38.

［8］Dosi G. Technological Paradigms and Technological Trajectories： A Suggested Interpretation of the Determinants and Directions of Technical Change ［J］. Research Policy, 1982, 11（3）：147-162.

［9］Eggers J. P. Competing Technologies and Industry Evolution： the Benefits of Making Mistakes in the Flat Panel Display Industry ［J］. Strategic Management Journal, 2014, 35（2）：159-178.

［10］European Commission. Connectivity for a Competitive Digital Single Market-Towards a European Gigabit Society ［EB/OL］. https：//digital-strategy.

ec. europa. eu/en/library/communication－connectivity－competitive－digital－single-market-towards-european-gigabit-society.

[11] Federal Communications Commission. Connecting America：The National Broadband Plan ［EB/OL］. https：//www. fcc. gov/general/national－broadband-plan.

[12] Freeman C., Louçã F. As Time Goes by：The Information Revolution and the Industrial Revolutions in Historical Perspective ［M］. NY：Oxford University Press，2001.

[13] Graud R., Kumaraswamy A. Technological and Organizational Designs to Achieve Economics of Guarnieri, M. The Roots of Automation before Mechatronics ［J］. IEEE Industrial Electronics Magazine，2010，4（2）：42-43.

[14] Lasi H., Fettke P., Kemper H. G., et al. Industry 4. 0 ［J］. Business & Information Systems Engineering，2014，6（4）：239-242.

[15] Harrison J. S. Deployment Scenarios of Private 5G Networks ［EB/OL］. https：//www. netmanias. com/en/? m＝view&id＝blog&no＝14500.

[16] Hiebert P., Vansteenkist I. International Trade，Technological Shocks and Spill-overs in the Labour Market：A GVAR Analysis of the US Manufacturing Sector ［J］. Applied Economics，2007，42（24）：3045-3066.

[17] Hounshell D. A. From the American System to Mass Production，1800-1932：The Development of Manufacturing Technology in the United States ［M］. Baltimore，Maryland：Johns Hopkins University Press，1984.

[18] ITU：IMT Vision-Framework and overall objectives of the future development of IMT for 2020 and beyond，https：//www. itu. int/dms_pubrec/itu-r/rec/m/R-REC-M. 2083-0-201509-I!! PDF-E. pdf.

[19] Jacobson H. B., Joseph S. Roueek. Automation and Society ［M］. New York：Philosophical Library，1959.

[20] Jorgenson D., Vu K. Potential Growth of the World Economy ［J］. Journal of Policy Modeling，2010，32（5）：615-631.

[21] Lee K., Chaisung L. Technological Regimes，Catching-up and Leap-frogging：Findings from the Korean Industries ［J］. Research Policy，2001，30（3）：459-483.

[22] Leifer R，Gina C. O.，Mark R. Implementing Radical Innovation in

Mature Firms: The Role of Hubs [J]. Academy of Management Perspectives, 2001, 15 (3): 102-113.

[23] Mahoney J. Path Dependence in Historical Sociology [J]. Theory and Society, 2000 (29): 507-548.

[24] Moon J., Chadee D., Tikoo S. Culture, Product Type and Price Influences on Consumer Purchase Intention to Buy Personalized Products Online [J]. Journal of Business Research, 2008, 61 (1): 31-39.

[25] Nonaka I., Takeuchi H. The Knowledge-creating Company: How Japanese Companies Created the Dynamics of Innovation [M]. NY: Oxford University Press, 1995.

[26] Pesaran M. H., Schuermann T., Weiner S. M. Modeling Regional Interdependencies Using a Global Error-Correcting Macroeconometric Model [J]. Journal of Business and Economic Statistics, 2004 (22): 129-162.

[27] Rostow W. W. The Take-off into Self-sustained Growth: Developing the Underdeveloped Countries [M]. London: Palgrave Macmillan, 1971.

[28] National Human Genome Research Institute. Substitution [J]. Strategic Management Journal, 1995 (16): 93-109.

[29] Teece D. J. Profiting from Technological Innovation-implications for Integration, Collaboration, Licensing and Public Policy [J]. Research Policy, 1986, 15 (6): 285-305.

[30] Thelen K. How Institutions Evolve: Insights from Comparative Historical Analysis in Mahoney J and Dietrich R (eds). Comparative Historical Analysis in the Social Sciences [M]. New York: Cambridge University Press, 2003: 331-334.

[31] 蔡启璧. 新中国建国以来工业化发展历史进程及现状 [J]. 昆仑策研究院, 2017.

[32] 蔡跃洲, 张钧南. 信息通信技术对中国经济增长的替代效应与渗透效应 [J]. 经济研究, 2015 (12): 100-114.

[33] 陈向东, 傅兰生. 我国产业信息化水平测度研究——机械行业产业信息实证分析 [J]. 科研管理, 1999 (6): 21-31.

[34] 陈修德, 梁彤缨. 中国高新技术产业研发效率及其影响因素——基于面板数据 SFPF 模型的实证研究 [J]. 科学学研究, 2010 (8): 1198-1205.

［35］戴伯勋.《企业的进入退出与产业组织政策》评介［J］. 中国工业经济，2001（2）：80.

［36］耿鹏，赵昕东. 基于 GVAR 模型的产业内生联系和外生冲击分析［J］. 数量经济与技术经济研究，2009（12）：32-45.

［37］工业和信息化部. 2016 年中国"互联网＋"在工业应用领域十大新锐案例［C］. 第二届"互联网＋"千人论坛，2016.

［38］龚艳萍，周亚杰. 技术标准对产业国际竞争力的影响——基于中国电子信息产业的实证分析［J］. 国际经贸探索，2008（4）：15-19.

［39］郭涛. 亚洲制造业采用 3D 打印技术［J］. CAD/CAM 与制造业信息化，2015（6）：26-27.

［40］韩燕，孙中叶，刘小艺. 我国贸易增长方式转变问题研究［J］. 商场现代化，2008（9）：6.

［41］韩自然，芮明杰. 要素结构、信息化与地区产业体系优化——基于省际面板的实证研究［J］. 技术经济，2019（6）：46-57.

［42］何玉安，夏明火. 基于"工业 4.0"的大规模个性化生产模式研究［J］. 制造业自动化，2021，43（1）：25-29.

［43］贺俊，姚祎，陈小宁."第三次工业革命"的技术经济特征及其政策含义［J］. 中州学刊，2015（9）：30-35.

［44］贺俊. 新型基础设施建设研究报告［R］. 中国社会科学院工业经济研究所内部报告，2020.

［45］胡晓鹏. 区域差距与区域信息化：一体化互动关系［J］. 财经理论与实践，2003（4）：65-69.

［46］华民. 新经济、新规则和新制度［J］. 世界经济，2001（3）：3-8.

［47］黄群慧，贺俊."第三次工业革命"与"制造业服务化"背景下的中国工业化进程［J］. 全球化，2013（1）：97-104，127.

［48］黄娅娜. 中国工业自动化的发展［R］. 中国社会科学院工业经济研究所内部报告，2019.

［49］黄阳华. 德国"工业 4.0"计划及其对我国产业创新的启示［J］. 经济社会体制比较，2015（2）：1-10.

［50］焦洪硕，鲁建厦. 智能工厂及其关键技术研究现状综述［J］. 机电工程，2018，35（12）：1249-1258.

［51］金碚. 工业的使命和价值——中国产业转型升级的理论逻辑［J］.

中国工业经济，2014（9）：51-64.

[52] 柯颖，王述英. 模块化生产网络：一种新产业组织形态研究 [J].中国工业经济，2007（8）：75-82.

[53] 李贝贝，黄锋. 信息技术的兼容性分析——以软件业为例 [J].中国工业经济，2003（7）：83-88.

[54] 李春发，李冬冬，周驰. 数字经济驱动制造业转型升级的作用机理——基于产业链视角的分析 [J]. 商业研究，2020（2）：73-82.

[55] 李海舰，田跃新，李文杰. 互联网思维与传统企业再造 [J]. 中国工业经济，2014（10）：135-146.

[56] 李海舰. 五方面理解"新基建"内涵与重点 [N]. 经济参考报，2020-07-07（07）.

[57] 李浩，陶飞，文笑雨，王昊琪，罗国富. 面向大规模个性化的产品服务系统模块化设计 [J]. 中国机械工程，2018，29（18）：2204-2214，2249.

[58] 李平，狄辉. 产业价值链模块化重构的价值决定研究 [J]. 中国工业经济，2006（9）：71-77.

[59] 李伟，贺俊，江鸿. "十四五"时期我国通信产业发展的战略取向 [J]. 改革，2020（9）：40-51.

[60] 李毅. 产业结构调整与日本型新经济的探索 [J]. 世界经济与政治，2002（3）：54-59.

[61] 林玲. 美国新经济论质疑 [J]. 世界经济，2000（5）：38-45.

[62] 刘树成. 论中国经济增长与波动的新态势 [J]. 中国社会科学，2000（1）：114-122，207.

[63] 柳清瑞，王君，苗红军. 企业竞争力的一种模糊多指标评价方法 [J]. 中国软科学，2003（8）：61-64.

[64] 吕政. 中国经济新常态与制造业升级 [J]. 财经问题研究，2015（10）：3-8.

[65] 哪些场景最需要 5G [N/OL]. 2020-11-06，http：//xh. xhby. net/pc/con/202011/06/content_846840. html.

[66] 亓晋，王微，陈孟玺，等. 工业互联网的概念、体系架构及关键技术 [J]. 物联网学报，2022（2）：38-49.

[67] 青木昌彦，安藤晴彦. 模块时代：新产业结构的本质 [M]. 上

海：上海远东出版社，2003.

[68] 邵婧婷，贺俊. 数字化、智能化时代的企业价值链重构 [R]. 中国社会科学院工业经济研究所内部报告，2019.

[69] 孙帅. 浅谈产品全生命周期管理系统在制造业应用的必要性 [J]. 黑龙江科技信息，2016（23）：295.

[70] 王春法. 新经济：一种新的技术—经济范式？[J]. 世界经济与政治，2001（3）：36-43.

[71] 王大林，杨蕙馨. 信息革命与新常态背景下的新产业生态系统 [J]. 广东社会科学，2016（6）：15-25.

[72] 王立岩，李晓欣. 日本智能制造产业发展的经验借鉴与启示 [J]. 东北亚学刊，2019（11）：100-110.

[73] 王钦，邓洲，张晶. "十三五"战略性新兴产业发展的政策选择——能力导向与机制创新 [J]. 北京师范大学学报（社会科学版），2017（2）：140-148.

[74] 王钦，张崔. "中国制造2025"实施的切入点与架构 [J]. 中州学刊，2015（10）：32-37.

[75] 王钦. 工业互联网发展的挑战和对策 [N]. 经济日报，2020-11-20（011）.

[76] 王钦. 工业互联网加速发展背后的三大管理变革 [J]. 清华管理评论，2019（4）：66-70.

[77] 王钦. 进一步发挥"十四五"时期工业互联网支撑引领作用 [N]. 人民邮电，2021-04-29（007）.

[78] 王钦. 新中国工业技术创新70年：历程、经验与展望 [J]. 中国发展观察，2019（21）：18-21.

[79] 王如玉，梁琦，李广乾. 虚拟集聚：信息网络技术与实体经济深度融合的空间组织新形态 [J]. 管理世界，2018（2）：13-21.

[80] 王媛媛. 美国推动先进制造业发展的政策、经验及启示 [J]. 亚太经济，2017（6）：79-83.

[81] 邬贺铨. 5G，当代移动通信技术制高点 [N/OL]. 2020-02-04，http：//it. people. com. cn/n1/2020/0204/c1009-31570264. html.

[82] 吴敬琏. 发展转型系于改革 [J]. 企业研究，2011（6）：4-5.

[83] 吴晓波，胡保亮，蔡荃. 运用信息技术能力获取竞争优势的框架

与路径研究［J］．科研管理，2006（5）：53-58．

［84］伍晓鹰．中国实体经济：创新问题，还是效率问题？［J］．中国经济报告，2017（7）：62-64．

［85］余东华，水冰．信息技术驱动下的价值链嵌入与制造业转型升级研究［J］．财贸经济，2017（8）：53-62．

［86］郁航．用户参与大规模定制的价值共创——基于商品主导逻辑的双案例研究［J］．吉林工商学院学报，2020，36（4）：55-61．

［87］张康之，向玉琼．网络空间中的政策问题建构［J］．中国社会科学，2015（2）：123-138，205．

［88］张辽，王俊杰．信息化密度、信息技术能力与制造业全球价值链攀升［J］．国际贸易问题，2020（6）：111-116．

［89］赵剑波，杨丹辉．加速推动数字经济创新与规范发展［J］．北京工业大学学报（社会科学版），2019，19（6）：71-79．

［90］赵剑波．推动新一代信息技术与实体经济融合发展：基于智能制造视角［J］．科学学与科学技术管理，2020，41（3）：1-19．

［91］赵亚军，郁光辉，徐汉青．6G 移动通信网络：愿景、挑战与关键技术［J］．中国科学：信息科学，2019，49（8）：963-987．

［92］郑伟平．区域经济信息化程度比较分析［J］．数量经济技术经济研究，2001（1）：27-29．

［93］中国移动．中国移动智慧家庭白皮书（2021 年版）［EB/OL］．https：//wenku. baidu. com/view/eadfe562cc84b9d528ea81c758f5f61fb73628a1. htm？_wkts：1667376205828&bdQuery = 2021% E54B9HB4E4B84ADNE549B4 BDNE74A74BBE548AHA8NE6%99% BA% E6% 85% A7% E5% AE% B6% E5% BA%AD%E799%BD%E79A%AE%E4%B9%A6．

［94］中华人民共和国商务部．韩国"制造业创新 3.0"［EB/OL］．［2015－11－03］．http：//cys. mofcom. gov. cn/article/cyaq/201511/2015110115 4852. shtml．

［95］周立群，邓路．自主创新视角下的高技术产业发展研究——基于总量测度的实证分析［J］．天府新论，2009（6）：49-54．

［96］周其仁．地方债务与土地制度紧密相关［J］．今日中国论坛，2011（8）：51．

［97］周倩．中国工业软件企业发展现状与瓶颈突破梯度［J］．中国工业

和信息化，2020（3）：56-61.

［98］左鹏飞. 从 1G 到 5G 标准之争争出了什么［N/OL］. 2019-08-14，http：//digitalpaper. stdaily. com/http_www. kjrb. com/kjrb/html/2019-08/14/content_427820. htm？div＝-1.

后　记

　　一个好的研究题目对于研究者是最珍贵和难得的。我在 2012 年关注到人工智能、3D 打印、大数据和云计算对制造业带来的革命性影响，并在当年 7 月一次由中国社会科学院工业经济研究所和首都经贸大学举办的论坛上做了题目为《新工业革命背景下的管理变革》的主旨演讲，演讲从技术创新视角切入，引发了大家从产业层面关于新工业革命的技术基础是什么、是否会带来革命性的变化、对制造业会产生什么样的影响等一系列的热烈讨论。讨论总能释放出智慧的火花，点燃研究者的热情。可以说，这就是今天本书的缘起了。

　　春江水暖鸭先知，面对信息网络技术的加速发展和应用，作为微观经济主体的企业总是最先开始萌动的。近年来，"互联网思维""黑灯工厂""机器换人""物联网""工业互联网"等探索性实践加速涌现，一向以讲求安全、可靠、稳定的制造业开始变得热闹、不安、兴奋起来，"制造业转型"成为一个不容回避的议题。

　　这是一次史无前例的"制造业转型"。拉回历史的镜头，从 18 世纪蒸汽机技术引发工业革命，到电气化革命和自动化革命，这三次转型都是"以机械为核心"展开的，呈现在人类面前的只有一个世界——物理世界。而这次制造业转型是"以信息网络为核心"展开的，我们今天面对的是一个全新的世界——物理和数字融合的世界。全新的世界给制造业转型带来了巨大冲击，这一次转型不仅是生产方式、生产技术的转变，还是产业组织、商业模式的转变，更是产业生态、产业体系的转变。准确地讲，这是一次技术经济范式的变革。无论从规模、难度，还是范围、深度上看，这在人类发展的历史进程中都是不曾有过的。

　　信息网络技术的技术经济特征是什么、如何走向未来、未来我国制造业的独特优势从哪里来、如何为制造业转型创造有利的政策环境等一系列问题成为理论界关注的焦点。围绕这些问题，我们组成了研究团队，并得到了中国社会科学院创新工程项目《新一代信息网络技术驱动制造业企业转型路径研究》的支持。今天，我们将已经取得的研究成果呈现给大家，希望能够助力中国制造业转型进一步走向深入。

本书由王钦研究员确立基本研究视角，设计整体架构，提出每一章需要重点回答的问题，最后对每一章的研究内容进行修改和定稿。本书初稿第一章和第十一章由王钦完成，第二章由贺俊完成，第三章由黄娅娜完成，第四章由渠慎宁完成，第五章由张艳芳完成，第六章和第八章由赵剑波完成，第九章由秦铮和王钦完成，第七章和第十章由张任之完成。

感谢我的同事刘湘丽、肖红军、江飞涛、周麟、蒙娃、王楠对本书提供的支持和帮助。

感谢经济管理出版社高娅编辑对本书出版付出的辛勤努力。

王　钦
2022 年 6 月